THE SEA-MIGRA

TAHRIIB

'Sometimes a book reminds us of poetry's real electric force in the world. Yusuf is a brilliant young Somali poet living in exile in London, who takes 'history's point/to ink a beautiful literature.'… Translated into lapel-grabbing alliterative verse by Clare Pollard, these piercingly direct poems throw open a window onto a war-torn country and its wretchedly displaced people.' – Jeremy Noel-Tod, choosing *The Sea-Migrations* as his Poetry Book of the Year in *The Sunday Times*

'Performance poetry often dies on the page. But the work of Somalian poet Asha Lul Mohamud Yusuf is an exception, strengthened by a highly craft-conscious, perhaps troubadour-like, oral culture. Though the rhetoric is impassioned and the diction down-to-earth, there are no simplistic politics lectures in her dual-language, Somali-English collection, *The Sea-Migrations: Tahriib*… One of the tools of classical Somali poetry, I've learned, is alliteration, and Pollard has the perfect balance, not too heavy and not inaudibly subtle…' – Carol Rumens, *The Observer* (Poetry Books of the Year)

'*The Sea-Migrations* is a narratively fertile collection that confronts the silences of national traumas. In these poems, grief announces itself. Yusuf, however, is never exploitative or gratuitous in her depiction of the violence of refugee life. Her verses are imbued with an unswerving responsibility to honour the suffering of her people. Hers is an important voice that challenges superficial representations of refugees and their inner lives. As a member of a community of exiled writers based in Britain, Yusuf is contributing to a tradition that extends far beyond the Horn of Africa. *The Sea-Migrations* is a compelling addition to the growing canon of diasporic Somali voices as well as a powerful reminder that exile is something generations of refugees carry with them, whether they want to or not.' – Momtaza Mehri, *Poetry London*

'Working through traditional forms to convey a modern message, UK-based Somali poet Asha Lul Mohamud Yusuf proves yet again in this (her first book and a dual-language edition) that women are the emerging voice of poetic movements around the world. Her masterful use of alliteration and detailed scene-painting make this English PEN Award–winning poet a force to be reckoned with and the collection an enthralling read.' – *World Literature Today*

THE SEA-MIGRATIONS
TAHRIIB

Asha Lul Mohamud Yusuf
Caasha Luul Maxamuud Yuusuf

Translated by Clare Pollard

with Said Jama Hussein and
Maxamed Xasan 'Alto'

poetry
translation
centre

BLOODAXE BOOKS

ISBN: 978 1 78037 398 0

First published 2017 by
Bloodaxe Books Ltd
Eastburn
South Park
Hexham
Northumberland NE46 1BS

in association with
The Poetry Translation Centre Ltd
The Albany
Douglas Way
London SE8 4AG

www.bloodaxebooks.com
www.poetrytranslation.org

This book has been selected to receive financial assistance from English PEN's
PEN Translates programme, supported by Arts Council England. English PEN exists to
promote literature and our understanding of it, to uphold writers' freedoms around the
world, to campaign against the persecution and imprisonment of writers for stating their
views, and to promote the friendly co-operation of writers and the free exchange of ideas.
www.englishpen.org

Designed in Albertina by Libanus Press
Cover photograph © Crispin Hughes
Cover design by North Kuras, Exploded View

Digital reprint of the 2017 edition

CONTENTS

Introduction

Asha Lul Mohamud Yusuf is fast emerging as one of the most out-standing contemporary Somali poets. Although she has lived in exile in Britain for twenty-five years, through recordings, TV and the internet her poems are becoming well-known among Somalis both at home and abroad. At the time of writing, one of her many YouTube videos has attracted 106,319 views, a remarkable achievement for a young woman poet living in the diaspora.

The UK is home to the largest Somali community in Europe. According to the Office for National Statistics, 141,000 Somalis were thought to be living here in 2014, the majority refugees from decades of traumatic conflict. Their life in the UK has been far from easy, and Somalis routinely feature at the very bottom of all those indicators of well-being: health, housing, employment and education opportunities.

Somalis are arguably the most poetry-obsessed people on earth. When the explorer Sir Richard Burton visited Somalia in 1854, he was immediately struck by the Somalis' devotion to poetry. 'The country teems with poets,' he wrote, 'the fine ear of this people causes them to take the greatest pleasure in harmonious sounds and poetical expres-sions, whereas a false quantity or a prosaic phrase excite their violent indignation.'[1] Nothing since then has changed – other than the fact that Somali became a written language in 1972 – and poetry is still the supreme achievement of Somali culture, wielding a power and fascination that's radically different from the general status of poetry

1. Cited in B W Andrzewjewski (ed.) *An Anthology of Somali Poetry* (London; John Wiley, 1993), p.1.

in western societies. I yearn for the day when, instead of being a byword for instability, ceaseless war and piracy, it's Somalia's exceptional poetic tradition that brings it universal renown.

Contemporary Somali poetry draws on an exceptionally rich oral tradition that is centuries old. Unlike the focus on the desires and experiences of the individual that is the mark of lyric poetry, Somali poetry exists within the communal experience of performance. The Somali poet has designs on her audience. She wants to persuade you of her position, or reveal the world anew from a fresh perspective. Somali poetry achieves this not only through the logic of its reasoning but also through the virtuosity of its technical brilliance, the complex mastery of which will bewitch a Somali audience.

Asha's popularity stems in no small part from the distinction of her formal mastery. It is not just what she says that has made her so popular, but how well she expresses it. As Martin Orwin, Senior Lecturer in Somali at SOAS says, 'Asha's technique is excellent. She makes poems in a variety of genres, including the most prestigious and difficult *gabay* form, and she constructs her poems in a very 'classical' fashion, using a proper *arar* (the opening lines that introduce the poem) which is reminiscent of great *gabays* of the past. Her imagery and metaphor draw on the riches of the Somali poetic practice, but in a contemporary manner, which makes her poems more accessible to a modern audience.'

The title poem of this collection, Asha's powerful poem, 'The Sea-Migrations', is a *gabay*. The poem is part of the *Deelley*, a famous 'chain' of poems composed by many leading Somali poets in the late 70s and early 80s that were highly critical of the military regime of Mohamed Siad Barre. The chain was inaugurated by Maxamed Xaashi Dhamac 'Gaarriye' and Ibraahin Warsame 'Hadraawi' – the latter universally regarded as the greatest living Somali poet – both of whom received death threats from the regime as a result. Asha's contribution to the *Deelley* is a mark of her confidence as a poet, and of her growing status.

English-speakers, unable to appreciate the rich complexities of the original, will immediately grasp from Clare Pollard's fine translation its crucial formal component: alliteration. The opening stanza makes clear both the poet's method and her intention, 'Declaiming this poem, a *gabay*, I alliterate in D to start debate', and her argument and aim, 'Sea-migration disables my people, I want to drive it back.'

Asha's poems all passionately engage with the plight of her people. As she writes in this poem, she's moved to make her poems because,

> I can't endure what's happening, it's like I feel the damage,
> my body jerks, distressed, every time I see them desolate,
> tears stream down my face, I chew blood from my lips.

But the poem is not simply a passionate lament about the countless Somalis who've lost their lives leaving their country. It is also a coruscating attack on the gross failures of Somali society that have permitted a corrupt and broken state to take root. Asha is unsparing in her criticism:

> My people are dull with greed, they get-rich-or-die-trying.
> We are filled with bewilderment, disordered and backbiting.
> A state that can't read, a reactionary herd,
> we only do well at begging, pleading for dollars and food.
> We are snared in a cycle, in endless poverty...

In 'Orphan', Asha likens Somali society to an abandoned orphan:

> A country has lost its father. It is entirely orphaned.
> Long ago his wife crossed over. She passed from this earth.
> The land's sealed off by fences, behind them dark acts happen.
> There are no uncles to help, there are no aunts,
> instead kin kill each other; they dig each other's graves

In 'Praise', Asha makes a plea for a noble and trustworthy leader who can address the wrongs of:

> foreign fleets looting our sea,
> the extermination of wild creatures,
> the plundered mineral resources,
> the migrants sinking under water.

As these poems make plain, forced into exile as a result of the cruelties of the Somali civil war, Asha is never a disinterested observer. She is alert to the corruption corroding her homeland, an injustice she longs to right. Her poems resonate powerfully with Somalis because she has shared in their sufferings, as her heartbreaking poems so clearly reveal.

Angry as she is with the iniquities afflicting her country, many of Asha's poems conjure up the blissful memories of an unspoilt, nomadic way of life where people live in harmony with nature. These near-hallucinatory invocations of a land as beautiful as it is fertile are not merely acts of nostalgia. In recalling the plenitude and peace of a harmonious rural existence, Asha's images point to an existence that could one day be recovered. The politics of anger that motivate her searing criticisms of the state of her homeland are balanced by the politics of hope articulated in the exquisite longing for the plants and animals of her memories, as we read in 'Our Land':

> The ostrich and antelope
> basking in beauty
> along with the gazelle,
> taking their time
> feeding on blossoming
> trees with relish.
>
> Camels giving birth to calves,
> cows with drooping udders,
> sheep and goats ready to milk.

All the livestock
within your sight
whichever way you look,
grazing near the homestead.

Although women have always made poems in Somali, there is still some prejudice against them for doing so. Even though they've received praise and recognition from women and some enlightened men, Somali women poets face particular difficulties in what is traditionally a very patriarchal society in which women are sometimes treated extremely harshly. What is especially notable is how Asha so clearly identifies herself as a woman poet.

In 'Beloved', she writes movingly and passionately about falling in love:

Be my new moon –
unbreakable metal,
the desire of my being,
the best of all souls.

In 'Recollection', Asha unflinchingly berates feckless Somali men who sit around chewing khat[2] all day, 'idling in grim flats strewn with litter', whose rank irresponsibility and selfishness leads to the untold suffering of their abused and abandoned wives. In a memorable phrase, Asha describes such a woman as:

… a bustard, caught in grinding groaning rain,
always on guard while others rest,
numbly enduring until a new day glares.

2. Khat refers to the leaves of the plant Catha edulis which, when chewed, release a stimulant similar to amphetamine. Regular chewing can lead to dependence and abuse. The plant was made illegal in the UK in 2014.

'Taste', a poem urging women to listen to their own feelings and not be fooled by men who 'dazzle your eyes and make desire rear up', ends with the line, 'You cannot go against your own heart'. It is Asha's remarkable courage, her determination to 'follow her own heart' whatever the cost, that has made her into such a vital poet of extraordinary power and insight.

Sarah Maguire
Artistic Director of the Poetry Translation Centre

On translating Asha Lul Mohamud Yusuf

Having been excited by the possibilities of translation for some time, I was pleased when in 2008 the Poetry Translation Centre invited me to work with a Somali poet. From a purely selfish perspective I felt I would have a huge amount to learn from a poetic culture so radically different from my own, whilst as soon as I read Asha's work I also realised that – as young female writers – we had much in common.

At first I worked with Somali scholars Maxamed Xasan 'Alto' and Said Jama Hussein, who provided me with simple, literal translations from the Somali and also met with me to talk through the poems line-for-line and explain the cultural context. In Starbucks and libraries, the complex technicalities of Somali poetry were scribbled down for me on napkins, whilst I also learnt about *khat*, tribal punishments and camel fat. I began to get a glimpse of a Somalia beyond the news headlines, one which for many is the most beautiful, cultured country in Africa: the pearl of Mogadishu, lush Daallo, deer and honey. And I was also told about Asha – what a remarkable poet she is, how boldly she takes on traditional (and often male) forms such as the *gabay*, her fierce technical prowess, the incredible outpouring of emotion in her work.

As I began to understand the poems, it soon became apparent that it is this remarkable contrast between wild feeling and controlled form – the hot and the cool – which I needed to capture. But how? There are many elements of Somali poetry which can seem clumsy to an English ear: the politically charged rhetoric (readers in the UK often loathe the sense they're being told what to think), the length and seeming bagginess, the extreme alliteration (entire poems often alliterate on just one letter), the shifts in address, the digressions. In fact, these poems are the opposite of clumsy, they just use techniques which are currently deemed 'unfashionable' on Creative Writing circuits (shifts in address are common in Ovid's work, for example, who can hardly be accused of sloppiness).

It was tempting to make Asha's work more palatable for an English audience – to be both translator and editor, knocking off the awkward edges. But instead I decided to damn fashion. It would be ridiculous to tidy and tame such powerful poems. I just had to look outside the mainstream lyric for models.

Reading Simon Armitage's *Sir Gawain and the Green Knight* helped; in its alliteration and caesuras Somali poetry is strikingly reminiscent of Anglo-Saxon verse, and the fact readers have embraced Armitage's version suggested that perhaps they could handle Somali translations that alliterated heavily too. In Asha's poem 'The Sea-Migrations' I managed to keep the poem alliterating on D – the d-d-d sound giving the poem a ferocity that makes it almost feel like a pummeling:

They are devoured, picked dry by sharks and sea creatures,
wild dogs eat them like *darib*, the best camel fat,
and many dead bodies lie decaying on our shores
defiled by strangers' eyes, skin peeled off their carcasses,
their lives end in distress, and there will be no decent burial.

In the remarkable 'Recollection', about the experience of Somali women in Europe, I also managed to mimic the original's music somewhat by having it alliterate in G – I think the repetitive, guttural sound underlines the horror and monotony of the woman's life.

I also realised that Asha's work has much in common with the best contemporary performance poetry and drew on this to make my co-translations work out loud, signaling that they are part of an 'oral' tradition. Asha reads quickly, reminding me of stage-poets who use tumbling, almost hip-hop rhythms. Thinking about performance poetry helped me with many aspects of Asha's work, particularly the way in which it seeks to directly engage the audience and make them question their own lives. In 'The Writer's Rights' the 'you' is the public – this is a dazzling political speech in which we are implored to help protect those who bear witness in Somalia:

> Honestly, I swear:
> you can't harm the journalist or singer,
> you must never harm the poet.

In 'Taste', the use of 'you' creates a real intimacy, as the reader becomes a close female friend sharing insights about men:

> Though he may place you in a skyscraper
> and fill your world with glass
> or fashion, or your demands,
> arriving at your door with every whim,
> if he's not to your taste, he's just a blocked path.

And, of course, meeting Asha in person was an inspiration. We have now done dozens of readings together for the Poetry Translation Centre and I have enjoyed her company hugely. She is poised, no-nonsense and has a wicked sense of humour. Every reading she turned up breathless at the train station – running slightly late – with a fabulous, coordinating head-scarf. Every reading she blew the audience away with her integrity and passion.

Translating Asha's poetry is an experience that has definitely impacted upon my own writing. It makes me want to tear up a lot of mainstream English poetry's 'rules'. The expansiveness and engagement of Somali poetry makes much work coming from the UK seem a bit cramped: it challenges us to be bolder. And Asha has made me question many of my ingrained assumptions. When I told her how much of my work involves teaching creative writing, she giggled at the idea. 'Writing can't be taught,' Asha told me. 'It is a gift from God.' Looking at her poems, I can believe it.

Clare Pollard

THE SEA-MIGRATIONS

TAHRIIB

Tahriib

Da'da gabayga dabuubtiyo murtida, doodda hadalkayga;
Waxaan uga danleeyahay inaan, danaha sheegaaye
Dadweynow waxaan doonayaa, inan dadaalaaye
Dulmigan dhacaayaan rabaa, inaan dillaacshaaye
Tahriibtaa dadkeennii rogtaan, deyr ku xidhayaaye.

U dulqaadan kariwaayay oo, waan damqanayaaye
Jidhkaa iga dubaaxiya markaan, dib u jalleecaayo
Inta aan ilmada daadiyaan, dibinta ruugaaye.

Afrikaa dhib deris looga dhigay, daayin abidkoode
Soomaaliduna ka daran oo way, ugu dambeeysaaye
Qalbigaa intuu daxal ka galay, daamur wada yeeshey
Dareenkii waddanigaa lumoo, waa dad baabba'aye
Damiirkii waxaa garanayaan, digigixoonayne
Dabin laysu dhigay weeye oo, duul kalaa xidhaye
Diiwaanka waxaa noogu qoran, doorkii Falastiine
Ma daneeye aan diirran baa, dooxay shacabkiiye
Dillaal iyo mallaal baa midiba, dacalka haystaaye.

Haddii laga dareeroo dalkii, doonni laga raacay
Deebaaq qadhaadh iyo hadduu, dacar inoo yeeshey
Dullin iyo abaar iyo hadduu, diirato horseeddey
Daad laga ordaayiyo hadduu, degel madow yeeshey
Duufaan kacaysiyo haddii, duumo laga qaaday
Duqaydiyo carruurtii hadday, dibed u soo yaacday.

The Sea-Migrations

Declaiming this poem, a *gabay*, I alliterate in D to start debate,
to disseminate, to disclose to you: the public.
Hey, you – be diligent! I'm trying though it's difficult
to destroy the injustice, demolish the status quo.
Sea-migration disables my people, I want to drive it back.

I can't endure what's happening, it's like I feel the damage,
my body jerks, distressed, every time I see them desolate,
tears stream down my face, I chew blood from my lips.

All Africa has dilemmas, there are always disputes
but in this distressed continent, Somalis sink down to the bottom.
Their hearts only detest, they have rusted and deadened.
Love for their country's disappeared, they self-destruct.
The conscience has departed, the compassion is mislaid
in a trap laid by others; they act despite their interests.
Acts seem predetermined; we're destined to be like Palestine.
People don't give a damn, civilian deaths hold no interest.
The dealer and middleman draw the deadly game out.

If people abandon their homes and decamp by boat,
debilitated by hurt, the unjust discrimination,
unable to stand delay in the country of their descent;
if thugs dispossess and murder, and there's disaster and drought;
if dust-storms blow, dispersing infection and plague;
if children make a dash, the elderly decide to go –

Dalka yaa u hadhi tolow markaa, waa dareen yimiye?
Waa xaajo duudduuban iyo, sheeko duluc dheere
Da'yartaa dhammaatiyo waxa, dumar idlaanaaya
Diricyada tahriibaaya ee, dabargo'aa taagan
Diihaalka gaajada kuwaa, dibed wareegaaya
Badahay dul-heehaabayaan, damalladeenniiye.

Diibkiyo yaxaaskaa cunoo, daaqay lafahooda
Dugaaggiyo waraabaa daldala, darib sideediiye
Duleedkaa la soo wada wadhiyo, dacalka xeebaaye
Iyagoo dubkiyo diirku baxay, baa la daawadaye
Waa kuwaa darxumo le'day een, duugan kari waynnay.

Damac baa dadkaygii galoo, waa dawamayaane
Dayow baynnu noqonnay iyo ways, dabammaryaynaaye
Dib-u-socod ayaan wada nihiyo, dawlad jaahil ahe
Dawarsiga ku naaxdaan nihiyo, doonis ruux kale
Diif aan dhammaanaynnin baa, loogu dawggalaye.

Afartaa intaan dabar ka furay, diirad ma ku eegey
Darajada Ilaah baa baxshee, mawga furay daaha,
Doorkaa abwaannadu horey, uga daliilsheene
Deelleeyda maansada horey, uga daqiiqsheene,
Aniguna ka dabaggeeyey oo, waan ku darayaaye
Waanadu kuway deeqdo ee, raacda danahooda
Iyo kuwa dariiqii wacnaa, diinta ku ekaada,
Daayinow Ilaahow ka yeel, dabargo' weeyaane!

then my people, I demand: who'll stay behind in our country?
Interesting question I've asked, isn't it? A matter to consider.
Look at the hordes of women, all the young who drown,
disappearing onto ships, dissolving on the crossing,
all those deprived of life's basics, adrift outside their country:
our future floats bloated in sea, is a corpse dragged on sand.

They are devoured, picked dry by sharks and sea creatures,
wild dogs eat them like *darib*, the best camel fat,
and many dead bodies lie decaying on our shores
defiled by strangers' eyes, skin peeled off their carcasses,
their lives end in distress, and there will be no decent burial.

My people are dull with greed, they get-rich-or-die-trying.
We are filled with bewilderment, disordered and backbiting.
A state that can't read, a reactionary herd,
we only do well at begging, pleading for dollars and food.
We are snared in a cycle, in endless poverty...

Declaiming these lines, I am undoing the camel's hobble,
Allah has raised me here, so I can draw open the curtains.
Decades ago, poets first stated the truth of this debate:
they devised a chain of poems, which we called the *Deelley*.
And I've drafted this poem, and I add it to the chain:
let us use words as a prayer, let the advice be followed.
Let us tread Allah's path, devote ourselves to his order.
Oh, deathless Allah! Change us before we are destroyed!

Waxba gabaygu yuu ila durkine, waan dabrahayaaye;
Haddii dalagga aan beerannoo, doogga la abqaalo
Nimcadaa inoo dararaysan iyo, badaha duudduban
Buurahan Ilaah noo dejee, godol la soo daatay
Baadroolka diliq laynayee, dixaya hoostooda
Macdantaa dingiigtiyo haddaan, dahab ka soo saarno
Duunyada haddaan dhaqannoo, doobi laga buuxsho
Duruusta iyo cilmiga lays baroo, diinta la adkeeyo
Dalku wayna wada deeqi laa, aynnu dib u joogno
Daaquudka aan naarno iyo, ducufka shayddaanka
Khayraadku waa dihinyahee, aan dibnaha saarno.

London, 2008

Let me not drag out my poem, but deliver an ending:
if we cultivate our land, if we dig in our crops,
if we discern our natural wealth, and the rich, deep ocean,
the mountains Allah has made for us, ready to be mined,
the fossil fuel that drips in the dark underground,
the mineral deposits, the reserves of gold,
the domestic animals, milked to fill milk-jugs,
if we develop our people, in knowledge and faith,
the country has abundance, let us return and reside.
Let us purge demons, dispose of devils and their deeds –
we have not used our resources, let's do it now.

London, 2008

Calaf

Cilmi gabayba waayadan ma furin, cutubyadiisiiye
Caynaddii murtida waanigaan, dhigin culuumteede
Caarad-dhuubtii maansada beryahan, kuma cillaalayne
Aan caddeeyo caawoo kalaan, caadka rogayaaye.

Caddad toban ah tiradaan cabbiraye, Caynka ka higgaadshay
Sagaal baan ka caagee Rabboow, *calafba hay siinnin*:

I
Gar cargaagtay taladoo cakiran, cudud la baanaayo
Colkoo weerar laba-qaadayoo, curaddo loo ooyay
Caaqil kaan noqonaynnin ee, damin colaad baasta
Cadkiyo jiidhka kala saafin een, ciriqa saaraynnin
Casiisoow Allahayoow midkaa, *calafba hay siinnin*.

II
Codkar mid aan ahayan oo intaa, calallaqlaynaaya
Caarriyo midkii fulay ahee, caalle lagu sheego
Caanyay aan ka diirayn dhibkii, uu ka cabanaayay
Caaryaystay doqonniimo oo, ciiro qarinayso
Candaddawl caqligu naaqus yahay, *calafba hay siinnin*.

III
Caasiga Ilaahay ka go'ay, aan cidnaba xeerin
Cirfiid iyo iblays ay wataan, cubullo Shayddaan ah
Caaddilkay wixii u xarrimay, cabbaya ee daaqa
Caqiibaba mid aan lagu ogayn, oo cahdiga gooya
Caynka iyo bayddaba jaroo, cidhibta ruugaaya
Cuqla waalid kii qaba Rabboow, *calafba hay siinnin*.

My Fortune

Lately, I've not recited many verses.
Nothing's seemed essential enough to write down.
I've not engaged in poetry's subtleties,
but tonight let me make some things clear.

I alliterate to argue ten important points.
Nine out of ten are a note to self, O Lord – *never let it be my fortune to be*
   fated to this man.

I
Sometimes we praise debate even when it ends in stalemate –
full force war is waged by factions; we weep for young lives.
If he can't act wisely and end the war,
can't strip bones of lean meat, or recognise worthless meat,
O Almighty, O Allah, *never let it be my fortune to be fated to this man.*

II
If he isn't eloquent, but implausibly, glibly gabbing,
is ineffectual and rumoured to be a coward,
is a moron, who moans but never does anything about it,
whose morality declines, who lacks judgment but possesses perplexity,
whose stubbornness is stupidity, *never let it be my fortune to be fated to this man.*

III
If he's disobedient, disengaged from Allah and empathy,
is possessed by a demon or corpulent Satan,
gulps and gobbles forbidden things,
has no purpose, ignores God's solemn promise –
unconnected, uncommunicative with Creator or future –
his parents cursing him, O Lord, *never let it be my fortune to be fated to this man.*

IV

Godadlaha cartamayiyo midkii, meherka caadaystay
Casho noolba tii uu calmado, 'Cayni' ugu yeedha
Cuddoontuu qabiyo kii dayacay, ubad carruurtiisa
Caarcaariyoo aan haween, garan culayskooda
Caruus been ah kii raba Rabboow, *calafba hay siinnin.*

V

Canwaj ooriduu qabay intaa, cay la daba jooga
Caado iyo dhaqan beeley oo, cunaha buuraaya
Cabbudhsane hinaasuhu intaa, cunaya dhiiggiisa
Caydhkiyo dabayllaha ka dida, oo cidlada maaga
Cawdiyo salliga 'yaa fadhiyey?', Canab ku hiifaaya
Jin intuu cumaamado u xidhay, caydhsan waxan joogin
Caroog baas mid loo tumay Rabboow, *calafba hay siinnin.*

VI

Mid cuntada ilaashoo ka naxa, ceesh la karinaayo
Cashiiradiyo ehelkaba jaroo, aan casabo dhawrin
Caanaha midkii aan gadayn, cunnugga loo siiyo
Caantaynka aan quudhinoo, caanad kala jeex ah
Cajiinkiyo daqiiqdii madhuun, ku citikaafaaya
Cantafuude 'reerka ha cawarin!', carrabka loo saaray
Qorqodaha cantuugada tirshana, *calafba hay siinnin.*

IV

If he womanises, enters marriages quickly,
or cries out 'oh, my eyes!' to lucky ladies every day,
or disposes of his upright wife and children,
unable to understand the intelligence of women,
preferring a sham family, O Lord, *never let it be my fortune to be fated*
    to this man.

V

If he incessantly doubts and insults his wife,
lacks culture and custom – he's so uptight –
is stuffy and eaten up with jealousy,
scared by heavy rain or a wind stirring emptiness,
if he suspects *Canab*, hisses 'who sat on the prayer-mat?',
has jinn in him, chases made-up things in his turban,
enjoys the devil's conch-shells, O Lord! *Never let it be my fortune*
    to be fated to this man.

VI

If he surveys food to control it, panics when it's prepared,
abandons his kin and doesn't fend for his family,
doesn't buy milk for his children,
is not capable of giving ten or twenty pence,
says he's blameless when the flour is finished,
says he'd hate to hurt his family, but hoards and hides his things,
doesn't trust his wife with money, calculating each mouthful, *never let it*
    be my fortune to be fated to this man.

VII

Cocobbada midkaa taagan een, ceeb ka korahaynnin
Ceelkuu istaagaba midkii, gabadh cayaarsiiya
Caloolyowna kugu beera iyo, ciillo kugu raagta
Cadraddii xishootiyo marwaba, daba caraabaaya
Casarka iyo duhurkii intaa, cago budhlaynaaya
Kii dumarka ciil bada Rabboow, *calafba hay siinnin.*

VIII

Mid caqligu naxaasoobayoo, cudur ka guuxaayo
Cuyub iyo magaal liito oon, xoogga kugu caawin
Canaadnimo mid ay hayso oo, laabtay cududdiisa
Ciirsili'i mid ay dhaanto meel, ciyow ka yeedhaayo
Cumuq-cumuq midkii lagu salliday, cayn la garan waayo
'Cakudaa!' intaa kugu hayoo, cunaya jiidhkaaga
Cuqdad kii la yuurura Rabboow, *calafba hay siinnin.*

IX

Cooflaa risiqii soo madhsaday, caalamka u yaallay
Canka dhigey shinkiisii haddana, calowsi doonaaya
Carjajoof gaboobiyo camoodh, soo ciddiyo goostay
Duq cardaaduqooboo intaa, keli is coofaadhshay
Cajuus guriga ii yuururiyo, coomir igu yuusa,
Cimri kuma canbaareeynayoo, waa cawo Ilaahe,
Mid cibaaraduu beri yiqiin, wali la ciiraaya
Oo cawaaqib-xumo hayso oo, cunnug is-moodaaya
Cirro baaqday kii lagu yidhaa, *calafba hay siinnin.*

VII

If he stands shamefaced in secluded places and never mans up,
and everywhere he stands ends up flirting,
causing anxiety and annoyance,
pursuing self-effacing single girls, even modest married women,
throwing up vast clouds of dust from midday all afternoon,
making women deserve grief, O Lord! *Never let it be my fortune to be*
   fated to this man.

VIII

If his conscience is corroded by psychological problems,
a cynical city citizen, never lending a helping hand,
doggedly determined to withhold support,
his presence a helpless place, where the birds call out warnings,
if he lacks principles, setting his sights on prospects of nothing,
and says: 'ugh, what's this, disgusting woman?', and hurts you,
crouching with his perverse mind, O Lord, *never let it be my fortune to be*
   fated to this man.

IX

If he utterly empties the world of sustenance,
puts his mouth as if to feed from others,
preens, but is a wrinkly wooer of women,
frail with age, a lonely patriarch,
who as years pass sits at home raising his voice,
well, age is God-given and I don't want to censure him for it,
but he gyrates and staggers beneath his ugly past,
twisted by negativity, thinking he's still young,
though he's called 'muttonhead', *never let it be my fortune to be*
   fated to this man.

Cayn-cayn raggaa wada ahee, dunida ceegaaga
Caleemaha midkaan saarayee, cugatay laabatydu
Calaamadaha aan soo wadana, caan ku noqon doona
Caaddilow adduun baa hayoon, kaa codsanayaaye,
Carrabbaabay oo waad ogtahay, caynka uu yahaye
Casiisoow Allahayoow midkaa, *calaf wadaagnaa dheh.*

X
Cirka oo da'aayoo dhulkoo, dooggu carafaystay
Naqa oo cagaar wada noqdoo, curubta saydhaaya
Cuudka iyo maalkoo dhaloo, ciirtu qubanayso
Carradoo barwaaqo ah arladoo, nabaddu caan gaadhay
Caddalloolka fiidkii mid aan, wada caweeynaynno
Cawo iyo wanaag ii horkaca, *calaf wadaagnaa dheh.*

Mid cirshiga Ilaah laga raboo, Caaddil garanaaya
Caddaaladda midkii falaya een, cuqubo doonaynnin
Oo cammira masaajiidda oo, caalin iyo shiikh ah
Casharkiyo Quraanka i bariyo, camalka kii suubban
Midkii diinta caawinaya ee, cadow u diidaya
Casiisoow Allahayoow midkaa, *calaf wadaagnaa dheh.*

Cid kaleba mid aan eegin oo, calanka lay saaray
Oo aan Caasha-Luul mooyiye, dumar canaynaynnin
Cirdiga iyo sharaftayda kaan, ceel ku ridi doonnin
Farxad aan ku wada ciidaynnoo, cagaha ii maydha
Cayn ay u tahay kii adduun, igu casuumaaya
Curdin baxay sidiisii mid aan, ugu carfoonaado
Gob caqiibo dheer lagu ogyahay, ciriq wanaaggiisa
Ciddayda iyo ciddiisaba midkii, wada cisaynaaya,
Casiisoow Allahayoow midkaa, *calaf wadaagnaa dheh.*

There are many types of men in this world.
The one I'd like to crown with flowers, to cleanse my soul,
the embodiment of my choices and the virtues I seek,
will be famous for the qualities I'll now list –
O God! You can provide him, I'd like to request him from You,
I've mentioned it before – You know what I'm asking, O Almighty!
   It is this man to whom my fortune is fated.

X

Sky pours with rain, ground lies green, fragrance drenches
the air as fresh life thrives and sprouts out shoots,
our animals have given birth, people are prosperous,
the territory and settlements are calm and rich,
in the evening I play *caddallool* with him and socialize.
If he leads me to luck, *it is this man to whom my fortune is fated.*

If he is wanted where God is and worships his Creator,
defends justice and seeks no malediction,
attends the mosque to pray, a scholar and a sheikh,
teaches me lessons of the Qur'an and good manners,
assists Islam and defends it from the enemy,
O Almighty, O God, *it is this man to whom my fortune is fated.*

If he isn't adulterous, but raises the flag of love over me,
if he desires no other woman except Asha Lul,
if he doesn't dishonour my prestige and nobility,
if he lives happily, celebrating, and washes my feet,
if he gains wealth deservedly, and shares it with me,
if he prefers me like the scent of a sapling,
if he is principled and takes no wrong turns,
if he respects all our parents,
O Almighty, O God, *it is this man to whom my fortune is fated.*

Mid caqligu illayn waa hibee, Caaddil ugu deeqay
Calaacalaana igu qaada oon, ciidda igu tuurin
Calcalyada xareeddiyo biyaa, wada cabboonaynno
Cishqi iyo wanaag aan dhammaan, Caaddil nagu daabo
Aniguna cindiga iyo wadnaha, caashaq ugu beero
Oo cunaha ii dhaafo oon, dhigo calooshayda
Mid qalbiga intoo aan u culo, cuudka ugu daaro
Canbar iyo mid aan udug u ahay, cadar sidiisiiya
Casiisoow Allahayoow midkaa, *calaf wadaagnaa dheh.*

Waxba yaanan Caynkiyo murtida, soo celcelin uune;
Cirka tiirka aan lagu arkayn, ciidda gogoshaas ah
Cadceeddiyo dayaxa aan midina, midna cidhiidhyaynnin
Caska waaga cawlaanka fiid, caddiyo nuurkeeda
Gudcurkoo cawaag soo rogtoo, culay madowgaas ah
Buurahaa cuslaadiyo baddaa, cidhifka soo jooga
Allihii cibrada nooga dhigey, dunidan ceegaagta,
Cabdi iyo addoon baan u ahay, Caaddilka Ilaahe
Cawaaloow Alloow ii ajiib, ducadan aan cuurtay.

London, 2016

If he's intelligent, for human thought is a God-given gift,
doesn't throw me to the ground but lifts me,
lets us drink fresh rainwater together,
so God bestows everlasting love on us together,
so I can cultivate love and joy in his mind
and let love pass down my throat and hold it in my stomach,
I would purify and perfume his heart with incense,
I would be sweet-amber perfume,
O Almighty, O God, *it is this man to whom my fortune is fated.*

Let me not mimic my alliteration, and repeat this for the sake of it.
This sky without pillars, this earth spread like a mat,
the sun and moon, that aren't squeezed but move in vastness of space,
the red morning sky and tan evening sky and full-moon light,
the shifting stain of darkness like dry wood for burning,
the enormous mountains and the seas on earth's edges
were made so unique, so hard to understand,
by Allah the Just who we serve.
Please God, accept this prayer because I pray.

London, 2016

Jahawareer

Wiilkaan jeclaayee
Jamaal Eebbe siiyiyo
Jawhara-la-moodkii,
Dhankuu iga jiraa, tolow?

Jeedaalo deydeyey
Jalleecada indhuu tabe
Jahawareerka igu dhacay
Jaha kasta ka eegee,
Dhankuu iga jiraa, tolow?

Intuu jiifo aadmigu
Hurdo wayga jarantahay,
Jabaqdii dhaqaaqdaba
Waan juuq dhegeystaa.

Jalka iyo biyaha iyo
Uma jeesto oontoo
Waan jidiinqallalayoo
Jaynafkaa dibnaha iyo
Jiilku waygu go'an yahay.

Immisuu jir da'ay iyo
Dhibic jawda haysiyo
Jibin roobku tuuriyo
Daad soo jaguugliyo
Jirridda-gooye ila tegey.

Disorientation

The boy that I love
was made handsome by God;
fine as a jewel.
My people, where is he?

I'm looking intently,
eyes fumbling –
confused –
conjuring him everywhere.
My people, where is he?

Whilst others sleep,
I'm sick with not-sleeping,
each faint, muddled voice
makes me strain to hear.

Nothing will nourish –
I don't eat or drink.
My throat's dry,
my lips crack,
a gag's in my mouth.

How many times has rain drenched me?
Drops pummel my skin,
then the storm's deep boom;
floods approach –
their ferocity sweeps me away like a stem.

Intaan jiidhey buuraa
Ama jeexey kaymaa,
Waxa aan jid dheer maray
Ama gebiyo ila jabay,
Joog ima tidhaahdee
Naftu igu jujuubtoon
Jar ka duulay awgaa.

Intaan jeerin qodax liyo
Jiic iyo maraag iyo
Bilcil jeenyo dheer iyo
Jillabka iyo marabboob
Sogsog jiitey awgaa.

Jilbiska iyo halaqiyo
Jebis iyo mas duubnaa
Jeefaaf abeeso leh
Inta aan ku joogsaday
Ee jiidhay badanaa.

Naf jacayl wareemoo
Dhuuxa uu jejebiyoo
Jeegada u taalloo
Jamanaysa muuqaa
Jabka iyo halaaggaa
Uma jeedo, gacalow!
Jamaal, awdaa baan
Jooflaha libaaxoo
Jiriqsanaaya micidoo
Intuu Jaawo geel heley
Kala jaray halbowlaa.

How many times must I climb the mountain?
Wrestle through jungle,
trek endless paths
or tumble down their steep slopes.
My soul doesn't stay *stop*,
it forces me on.
I heave myself onto the ledge for you.

How many times have the sticky trees,
the thorns, the acacia,
the *bilcil*'s rough limbs,
the shrubs, clingy weeds,
the *sog-sog* dragged me away?

The venomous black snakes,
the pythons, coiled vipers,
the startled, slippery *abeeso*,
how many times have I stepped over them?
How many times must I outrun them?

I've wounded myself with love –
I've snapped bones, they leak marrow,
I'm flat on my back.
And this self-destruction,
these difficulties
mean nothing, my dear.
Because of your love, Jamaal,
the male lion, maned,
creaking his fangs,
has caught a she-camel
and severed its artery.

Isagoo jiriidkiyo
Jeenyaha isdhafshoo
Juruqsanaaya dhiiggaan
Jabada kula negaado
Jaahiisa u eegoo
Ula jaaray awgaa.

Jiliflow maroodigu
Markuu jiido gacankee
Dhirta uu jibaaxee
Laamaha jejebiyana,
Naftu kama jidh-diiddoo
Kama jixinjixootoo
Jidhiidhico ma qabatoo,
Jamaal aawadaa baan
Jabada kula negaadoo
Jaahiisa u eegoo
Ula jaaray awgaa.

Waxse aan jabkaas iyo
Jirrabkaa u marayaa
Jacaylkaaga weeyee,
Dhankuu iga jiraa, tolow!

London, 2009

With his jaw,
leaning forward,
he laps up the blood.
I keep near this creature.
It is my neighbour.
I'll stay here now, because of you.

The elephant with its tough hide
rears its trunk,
whips trees aside,
destroying the forest.
I don't mind this either.
I don't feel compassion.
I don't get gooseflesh.
Because of your love, Jamaal,
I stay with beasts now.
They are my neighbours.
I belong here, because of you.

All this hardship I endure,
all this wasteful pain,
it's because I love you.
My people, where is he?

London, 2009

Surmi

Maansadii sifaysnayd
Gabaygii sarbeebnaa
Suugaantii miirnayd
Inkastoon ka saahiday
Sa' iyo Miim-ka qoriddii
Si kastaba ha noqotee
Inta ay sidaa tahay
Aan surucu baxahayn
Kama seexanaayoo
Sawdkayga adag iyo
Sulub baan la dhacayaa.

Saancaddaale baas baa
Soo diraaya amarkoon
Sakal ugu jirnaayoo
Mareeg aan u sudhannahay.

Maskan soo siqaayee
Miciyaa sifeeystaan
Suurreeyn warkiisee
Adiguna bal ila soco.

Malow baa saxiixoo
Suulka gacanta saaroo
Yidhi: 'Kaan sidaan rabo
Igu siinnin garabee
Igu daba saqlaynow!
Saldhig hoos u qodan baan
Kuu dhigay silsiladoo

Thirst

I haven't sought description
or poems rich with sayings
or sophisticated verses.
Lately I've shunned
the S alliteration
but still,
things seem scandalous,
struggles so stubborn,
I can't stand slackly by.
With my strong voice,
like steel I shall strike.

A light-skinned villain
set up this situation
to strap us in bondage,
string us up by our throats.

That skulking snake
sharpening its fangs,
I know its schemes –
listen to what I say.

Big Lizard puts the sign
and the seal on it,
saying: 'Those who don't stick by
me in my stipulations
and fail to support me
should sense beneath them
waiting shackles,

Sabarado caddaadiyo
Maddanii salselayaan
Summad kaaga dhigayaa.'

Ninka aynnu soocnee
Xilka aynnu saarnee
Nidhi samo ku duuloo
Saaka adigu noo tali,
Illayn waa sawaabkaa
Maskaxdii saxaysiyo
Caqligii ka seexdeen
Ka siqsiqin xumaantee,
Marka uu sunuuddii
Sanqadhooda loo tumo
Yuu yidhaahda: 'Saqdhaawow
Sida aan u dabarjaro
Saacad adigu ii qabo.'

Siikaawe dhaca iyo
Suuggiyo shilkaha iyo
Saadka adigu ii badi.

Sarahaan duminayaa
Suuqyadaan xannibayaa
Badahaan sadhaynoo
Sunta ugu daraayaa
Dalka siinaddiisiyo
Siidhkiisa waan gubi
Soomaalinnimadiyo
Waxaanay ku seleleen
Sinjigeeda waan bi'in.

searing hot brands,
smouldering iron
to stamp their skin.'

This man we selected
to shoulder responsibility
to act sincerely
and serve as our ruler
turns out to be shoddy
with a squirming brain
and a slumbering conscience
who can't refrain from causing shame.
At the shiver of the coins,
hearing their singing sound
he shouts: 'My lord, you'll see
the deal I seek with them,
just bear a short time with me.

'Guns stood on vehicles,
others that can shoot down planes,
give me stacks of ammunition.

'I'll squander buildings,
set markets ablaze,
discolour seas
with stinking poison;
the stunning land
and all its grains will be starved.
The prestige of being Somali
and all it signifies
I shall render sordid and sorry.

Kan samaacadaha iyo
La wareega siidhii
Suxufiga la leeyahay,
Isagana suryaan gelin.

Saaxiibkay Mulacoow!
Dabar baan u soohoo
Seetaan ku xidhayoo
Sixirkii qabiilkaan
Soomaali raacshoo
Soor ugu walaaqee,
Adiguna si kale keen!
Siidhiga u tumo oo
Saameel markaagoo
Soo qaado seefaha.

Sambabka iyo beerkiyo
Surimmada wadnaha iyo
Seed iyo halbowlaha
Anigaa sarsarsarayoo
Saafaaya jiidhkee,
Saaxib ka yara baydh!

Dar surwaal khamiis iyo
Sankaa loo xidhxidhayaa
Darna suufiyaal iyo
Sito iyo xer bay noqon
Darna Saalixiin iyo
Selef baan ka dhigayaa.

Diintaan saawasaaweeyn
Siiradaan beddelayaa
Sunnaha iyo faralkaan

'And all the microphone sneaks
with their stupid walkie-talkies
who are said to be journalists,
I'll stop their activities.

'My sidekick, Little Lizard –
I've prepared some fetters
to tie their feet securely,
and use the tribal spell –
all the Somalis
fall for that straight away.
For something new,
sound your whistle sharply,
to spread word of your charge,
then get stuck in with your sword.

'The soft insides, lungs and liver,
the veins servicing the heart,
blood's system and muscle –
I shall slice them apart
separating flesh from flesh.
My friend, you just let me see it through.

'Some will be forced to wear shirts and trousers,
made to submit in silence,
others will be turned into Sufis
and servile disciples.
Some will become the faithful,
Some fundamentalists.

'I will stir up religion
will shift its tenets,
break the Sunnah

Soddon nooc u dhigayaa
Subaciyo Quraankaan
Hadba qaar la saxayaa
Sadarrada xaddiiskaan
Nin waloo ku samafalo
Hadal ugu sar jarayaa.

Yaa ka qaba su'aal tolow!
Soomaalinnimadii
Sax in loo cabudhiyoo
Saxariir la badayoo
Silicaan dhammaanayn
Loo suray kooraha.

Ninka aynnu sugaynnee
'Saajinow!' ku leennahay
Isagaa bay sidataa
Amarkii Saqdhaawiyo
Salaan buu bixinayaa.

Isaguna si dalag buu
Si yar ugu yidhaahda
Suudh dawarsi kuu xidhay
Kugu idhi sekada guri
Haddaba sooryo qaado
La wareeg suxuuntoo
Saddaqada ku noolow.

Waxaan siinka kaga baxay
Maansadaydii Sooyaal
Seben hore wixii dhacay
Iyo saaka waxa jira
Soo socoto aan iimin

into thirty or so versions
will recite the Qur'an slant
to each subsequent group
and the prophet's sayings
I shall make supple
for everybody's singular purpose.'

Does anyone survive to question
the essence of being Somali?
They've been totally suppressed,
squashed
and subjected
to endless strain.

The man we so stoically bore,
slated as our commander,
is found to be shabby
taking orders from the boss
and saying *yes sir.*

His master, straight away
sneeringly reminds him:
'Many uniforms were stitched for you
to swarm about in collecting "zako" money.
Now I'll supplement that with another request:
slither around with your plate
and survive by alms and handouts.'

I conclude these verses in S,
that put me in the spotlight,
by saying this has happened
and happens even this second
and may still happen in the future.

Ninka aan sax iyo maan,
Kala saarahaynow!
Malaa waad salcaantoo
Sarrifkaa ku qaataye
Sidan dunidu ma ahayn.

Taariikhdu way socon
Saxar dhaafi maysoo
Sahal bay u qoraysaa
Sedka Eebbe bixiyiyo
Samir lagama quustee
Tukaalaan ku sugayaa.

Saatir baan baryaayaa
Mid samaanta jeceloo
Sabadkiisa dhowroo
Saxalkaa dhex yaalliyo
Saaraya xumahoo
Gumeystaa sifeeyoo.

Saboolka iyo maatada
Waayeelka sakatiyey
Seleleen hurdada bogan
Agoonkii surmigu dilay
Saydheen abaaruhu
Hooyadii sukowdee
Saygeedii waydee
Subax noolba ooydee
Ilmadu ay ka socotee
Seegseegtey noloshii.

You! Who can't sort
virtue from sin,
I know you're not satisfied
and material gains are seductive,
but life doesn't stay still.

History strides forward,
sees no particle uncounted,
no secret unrecorded
by God's sublime gift.
We must not succumb to sorrow.
I await Salvation.

I plead with the Almighty to send
someone dedicated to the people
who will sustain the soil,
solve grievances,
settle all misunderstandings,
expose the sins of exploiters.

For the poor and the struggling,
the senior and sickly,
those troubled in their sleep,
orphans swooning with thirst
caused by these stretches of drought,
the solitary mothers
whose husbands slipped away,
sobbing every morning,
eyes sodden with tears
finding no solace –

Mid u samafalaayoo
Saantu ay u diirtoo
Seeraha ku ururshoo
Sharaftii sarraysiyo
Sumcadday lahayd beri
Sawraceedii toosnaa,
Soo celiya noo keen!

London, 2010

may God send us one
who is sensitive and cares
to reunite and strengthen,
restore spilt honour,
retrieve lost splendour
and save their inheritance.
Someone to resurrect all this.

London, 2010

Geyigeenna

Cirka oo gu' hoorshoo
Hillaac galalacleeyiyo
Daruuruhu gufaacada
Guur guurayaano
Godolkii la hibitiqay.

Xareeddii geyiga iyo
Goglantahay jidhaanto
Godamada ka buuxdoo
Balliyadu gingimanyiin

Ubaxii gardhooboo
Gaasheeyey midabkoo
Guntimuhu sinmeenoo
Garaacayso laydhii.

Dhirtuna ay gun iyo baar
Gedafka isku haysoo
Laamaha gankoodiyo
Faraqii is gaadheen

Shinbiruhuna geestood
Hadba geesh codkoodii
Googooynayaanoo
Rahuna gaar isula baxay.

Oo labada goorood
Gabbalka iyo waagaba
Go'bo leeday dhibicdii.

Our Land

The sky is full of spring signs:
lightning, flashing everywhere,
clouds heavy with rain,
slow in their movements,
ready to pour generously.

The land inundated
with rain water
filling the pits
and pools full.

The flowers blossoming
with so many colours,
each in full bloom,
shaken by the breeze.

The trees, from top to bottom,
straight as lines,
their leafy branches
touching one another.

The birds for their part
gathering in flocks,
singing a shared tune
while frogs emerge in their own way.

At both ends of the day,
morning and evening,
the rain steadily falling.

Hoobaan guduudiyo
Dhafaruur go'ayso
Guudku wada casaadooy
Garabtaal midhcaanyadu.

Jinawgoo gardhooboo
Caleentii goshiisiyo
Ay guudka qarisoo
Gurnaayo uunkii.

Goryga iyo caawshiyo
Giirr qurux ugadhiyo
Garanuug idilkeed
Gaan gaanbiyeenoo
Hadaba geed magoolkii
Mayracad ku goostaan

Geeliina dhalayoo
Gees wayntu darartoo
Adhigiina godol yahay.

Xooluhuna gebigood
Isha aad la gaadhoo
Geesaan fogaynoo
Guriga ay ag daqaan.

Gabankii la jogiyo
Kureygii go'qaatoo
Intay hadhac golaysteen
Googalysi goodii
Googoostay sheekada.

The ripe *dhafaruur* fruit
completely coloured
in crimson,
the *midhcaanyo* fruit close by.

The *jinaw* tree in full fruition,
grown leaves
covering its height,
ready for plucking.

The ostrich and antelope
basking in beauty
along with the gazelle,
taking their time
feeding on blossoming
trees with relish.

Camels giving birth to calves,
cows with drooping udders,
sheep and goats ready to milk.

All the livestock
within your sight
whichever way you look,
grazing near the homestead.

The herding youth
in their white sheets
resting in the shade,
passing time with games,
chatting without a care.

Halihii gobaad iyo
Gorad ay lahaayeen
Oo nirgii ku goohoo
Darartii gubaysoo
Isu guuxay ololkii

Inta goor caweysina
Haaneedkii lala galay
Danbarkii ku gaaxdiyo
Laga gurayo ibihoo
Goroofkii la culay iyo
Gaawihii la buuxshoo
Gebiba beeshu negi tahay

Galadaan tilmaamee
Geyigeena taaliyo
Nimcadaa gadhoodhee
Geesaha ka qubatee
Cidi weli galaan darain
Allahayow na garansii.

London, 2011

And the she-camels
Gorad and Gobaad,
hearing their calves cry,
feeling the weight of their milk.
Responding to the call.

While evening is still young,
the herders take positions,
draw the longed-for milk
from the she-camels
into smoke-cleansed vessels,
filling them to the brim
in this peaceful settlement.

Recounting this heaven
that can be found in our land,
such abundance
overflowing,
such purity and plenty,
we must thank God.

London, 2011

Garrac

Guyaal iyo guyaal aniga oon, marinnin geeraarka
Oo aan ka gaabsaday beryahan, gabay-ka-maansoodka,
Ayuun baa gallaydh iyo shimbiro, gudaya lay keeney.

Galow baa farriin soo diriyo, fiinti gololaysay
Gorgor duulayaa iigu yimi, gogoshi aan jiifay
Oo yidhi: 'Waxaan garan la'aa, gacalisooy taagan,
Geeskaan ku naalliyo haddaan, geyigii ku sheego;
Goobtaad istaagtaba xinjiraa, galangalcaynaaya
Gidaarkaad ka soo weecataba, meyd go'aa yaalla
Waa lagu goblamay Geeskiiye, garo waxaan yeello?'

Markaasaan intaan gaar u baxay, keligey goobyaallay
Oon idhi: 'Wataa goosatee, geed qadhaadh daaqday!
Garashadu haddii ay luntoo, uu caqligu gaabtay
Gujo kuma irmaanaado oo, gaaggax hashu weeye,
Bal gaadhsii farriintayda oo, gee warkanan sheegey!

'Ma gumeysiga aad gashaa, adiga kuu guul ah?
Ma gumaadka Soomaali baa, adiga kuu guul ah?
Gubashada dalkaagaa mindhaa, adiga kuu guul ah?
Gurboodkaa la wada laayay baa, adiga kuu guul ah?
Hooyada gambada qadday baa, adiga kuu guul ah?
Odayada lagaa gawracaa, adiga kuu guul ah?
Geesiga xabaal kaa galaa, adiga kuu guul ah?
Calankaaga googgo'ahayaa, adiga kuu guul ah?
Gacmahood nin kale hoorsataa, adiga kuu guul ah?

Unscrupulous

I have not recited a poem, not for many years,
have refrained from declaiming, no *gabays* from memory.
But they came to me, the eagles and night-birds.

A bustard sent a report, crying out predictions.
A vulture swooped, landed on my sleeping mat
to say: 'Beloved sister, I can't understand,
the Horn of Africa, where we live,
how everywhere the ground crawls with blood, blood coagulates,
how every turned corner you trip, it's a human corpse.
Childlessness has become common where we live. What shall we do?'

I tried to separate myself, to prefer aloneness.
But then I said: 'Look, our country tasted leaves from a poisonous tree!
If understanding is lost, wisdom loses strength.
It's useless to try and force lactation, to punch the she-camel's breasts.
Just try to share my message, get it to the people!

'Is this victory, your country being recolonized?
Is this victory, the Somali people near extermination?
Is this victory, your country being burnt down?
Is this victory, all the teenagers dead?
Is this victory, mothers dressed in mourning?
Is this victory, fathers slaughtered?
Is this victory, brave men buried?
Is this victory, your flag in tatters?
Is this victory, when you're on your knees begging for any human help?

'Gantaallaha ku soo daatay ee, gubaya Soomaali
Kaaraha ku soo guuxayee, gaw ka wada siiyey
Beebbeega googgooyey ee, wada gumaadaaya
Garnayl miiggu soo ganayahee, gaabshay badankooda
Diyaarado gumeystuhu diree, guuradhabanaaya
Gabbalkii dhaciyo waa beryaba, lagu garaacaayo
Aan gelinna laga joojin ee, lagu gumaadaayo.

'Intaas oo gumaad baad qabtaa, aanad garannayn dheh!
Geerina ma tihid nololna waa, kaa gabaabsiday dheh!
Nin garaadka kula mida ayaa, galabba kuu yeedha
Gamuun culus dar kugu ganayaa, gogosha kuu xaadha
Gacan-haadis beenaad ku jiri, guure iyo baabba'.

'Garashada inta u liidataad, gaar u leedahay dheh!
Adduunyada casriga gaadhay baad, gooni-joog tahay dheh!
Afrika oo caqligu wada gudhaad, gaane sii tahay dheh!
Gumucii la wada daadiyaad, gaar u sidataa dheh!
Inta aad is kala gadanaysaan, guuli kuuma dhowa dheh!

'Maxaa adiga kuu gaar ah oo, gubaya maankaaga?
Maxaa guusha kuu diidey ee, geedka kaa saaray?
Maxaa gulufka iyo weerarkiyo, gaaska kugu beegey?
Gebaggebo maxaa kugu salliday, gacan shisheeyaadka?
Godob raagtay iyo ciil maxaa, kugu guhaameeyey?
Ma gartaad lahayd baad adigu, goosan kari wayday?
Soomaaliya gumoowdaye hadmaad, garan waxyeeleeynta?

'Rockets and missiles burn Somalis, cause annihilation,
armoured tanks tear loudly, aimed at termination,
personnel carriers arrive, so populations face extermination,
MiG fighter jets launch missiles, target civilians,
colonialist aircraft soar, making airstrikes through the night,
bombs slaughter innocents endlessly, day and night,
and will not pause, until elimination.

'You undergo this excruciating pain, can't you recognise it?
Your life's degraded by cruelty, say it!
A man no better than you makes an order, do you obey his authority?
You're encircled with insincerity, those close to you close in.
You'll never settle but forever move on when darkness falls, feigning cries
        for help.

'You're stupefied and lack shrewdness, say it!
You're isolated and immune to modernization, say it!
Elsewhere is peace and prosperity – here is barren, say it!
Long ago people gave up guns, you still cling to yours, say it!
Your ingenuity only disguises your failures, say it!

'Your fits of frustration are embarrassing, what's wrong with you?
What prevents you from winning? From achieving victory?
Why are you always so aggressive, launching military attacks?
Why do you avoid community? What put you in the hands of foreigners?
What cursed you with this lasting grudge? Why are you so bitter and
        indignant?
Can't you make up your mind? Can't you make things matter?
Somalia is degraded, will you stop subjecting your people?

'Haddii gaawe kuu buuxi jirey, gacaliyow daate
Gobaad inaad ku maashaad mar kale, godol ka doontaaye
Gobannimo waxaa laga helaa, gacammo walaal ahe
Soomaalaay is garo waadigaa, gows libaax galaye!
Is-garawsadoo waar mar qudha, goosta taladiinna!
Nabaddana waa u wada goohayaa, shicibka gaadhsiiya!
Oo gogol ku wada seexda oo, gaar isugu baydha!'

Waxba gabaygu yuu ila gudbine, waxaan ku soo gooyey:
Ilmo gobo' leh dhiiggaa guntamay, garashadaa ooydey
Gurracaa dhexdiinnii galiyo, gaalo-kala-raaca
Garab-garab-ku-riix iyo mid kale, gooni-ula-foofka
Nin garaadkii lacag siistey baa, gubay dhulkinniiye
Gebi buu ka tuuroo dalkii, gaasna qabadsiiye
Doollarkuu guranayiyo isaga, gaadhigaw dan ahe
Ubadkiisa waa kaa gurtee, geeyey meel kale'e
Geyi reer galbeed buu u raray, gebi ahaantoodba
Idinkana is googgoosta buu, idinku gubaabshay.

Gacal iyo sokeeyaad tihiin, geesh walaallo ahe
Oo guriba guri garanayoo, laysu soo gelo'e
Oon geeri mooye marnaba, geeddi kala geyne
Ee goosankiinnaa hadhoow, nabad is gaadhsiiya!

London, 2008

'When your large milk-vessel was full, it used to spill.
You try to squeeze milk from Independence; you let yourself be milked.
Independence is standing together, hand in hand.
Somalis see the truth: you are caught in the grinding teeth at the back of a
    lion's mouth!
Show yourselves mercy, resolve to reach reconciliation!
If you agree, convey this message of peace to the nation!
Lie down together on a spreading mat, endure one another in love!'

Bringing these *gabay* verses to an end, I must conclude:
tears sluice from eyes, blood slows and minds dull
with no morals, with these betrayals of trust,
this shoving one another with shoulders, trying to get rid of each other.
Unscrupulously manipulated, a devious man has razed your land,
has set fire to it, then thrown on more gas,
has set his sights on making capital from cunning, making dollars and a car,
has taken his children abroad, to a safer place,
to a western country. He has carefully relocated them all
whilst you kill each other indiscriminately, at his encouragement.

You are kin, you are blood brothers and sisters.
Each house knows their neighbours, who comes and goes.
Only death should part you, you mustn't flee.
Remain and, though divided, try to make a mutual peace.

London, 2008

Gocasho

Nimaankaa naftoodii gabaye wada galiilyaysan
Nimankaa naftoodii gubee wada gawaamaaya
Nimankaan garsooriyo lahayn garasho wayeelba,

Ganboor iyo waxay daaqayaan geed Ilaah nacaye
Gawaan iyo waxay yuururaan guri xashiish weyne
Goolaftankaa kaaga daran geesiyo is moodka
Galladi waata Eebbee markuu gabay masuulkiiba
Gabadhiyo carruurtii markuu gooyey ehelkiiba
Ee uu gasiinkii ka jaray guri xanaankiiba.

Ee gacalo waa hooyo ee gubatay tiiraanyo,
Labadeeda geesood markuu gaalku kala jiitay
Gidigii haneenkii waxay gawdh la ledi wayday
Gurmad iyo markii aanay hayn aabbe garab taagan
Ee iniba gees aaddey ee talo ku gawdhiidhay
Gabbal dhaciyo waagii beryaba gocasho ooyayaso
Inta ay gacamaa hoorsatay Guule baridaaye

Iskuullada markay geyso bay gur u dhaqadaye
Guntigay u xidhataa ilayn hawshii uu gabaye
Gasiin iyo waxay raadisaa shoping-kii go'aye
Gaadhi bay ka soo buuxisaa gurigii keentaye

Iyadoo harraad gawracan oo gaajo socon waydey
Ayay dheri gangaantaa haddana gaar u karisaye
Galabnimo markay gaadho ee wakhtigu gaabto
Gucla orod ma daysee haddana ubadkii goobtaaye
Sida goodirkiyo cawsha bay gooni socotaaye
Galabtii ayuun bay baxan gabannadii qaare,

Recollection

These men let themselves down, bask in their guilt,
harm themselves then start griping;
they've let judgement and tradition go.

Gums busy with *khat*, like the poisonous *ganboor* plant,
idling in grim flats strewn with litter,
gloating about unreal gallantry,
this man fails to know gifts bring responsibility –
he's given up his wife and his family,
stopped being the one who gets food and necessities.

As a genuine mother she suffers agonies,
her family torn by the godless, split by social services,
unable to sleep, goaded by worries,
expecting no guidance, no partner by her side,
she feels so shattered and gripped by thoughts
and bad memories, she grieves until dawn
and raises her arms, prays for Allah's goodwill.

After the school-run, a gruelling list of tasks –
grappling with his duties too, which he's neglected.
She goes shopping, her cupboards gravely empty,
gets back in her car with just the essentials.

There is always gaping hunger; some days she can't walk.
She struggles to find a pan or grill some food
and when late afternoon grimly darkens
she must gather her children home,
like the kudu or gazelle she roams alone.
She can't stop some of her young ones going out –

Sida galawga iyo fiinta oo uu gudgude haysto
Inta uu nafluhu gama'san yahay gaadh ayay tahaye
Gaaf wareeg ayuu ugu baryaa waagu galacdiiye

Waxba gabaygu yuu ila gudbine waxan ku soo gaabshay
Hooyada guhaaddaa qabteen laga garaabaynin
Hooyada raggeedii gabaye gaabagebaw taagan
Guullaha Ilaahow adaa garan wax meel yaalle
Adigaa gartaa goynayoo gooni kuu tahaye
Adigaa garsoor taama iyo gaadh-hayow u diriye

Mar haddaanan gumuc iyo rasaas kugu garayanin
Ama geed qudhaanjo leh tolkaa kugu gigsiinaynin
Waa inoo godkii Aakhiriyo Golihii Waaynaa dheh!!!!

London, 2008

she is a bustard, caught in grinding groaning rain,
always on guard while others rest,
numbly enduring until a new day glares.

Such gloom could lead me astray. Instead I'll conclude:
struggling mother who gets no gratitude,
mother with no male guardians,
only Gracious God knows our fate.
He alone can judge this generation –
justice is whatever he wants, and whatever we get.

I cannot order these men gunned down as they deserve
or that their relatives gird them to an ant-infested tree.
I am resigned to wait for that glorious, final day.

London, 2008

Qayood

Qasaanadda murtidu leedihiyo, qayimka suugaanta,
Qarjacmuud intaa ay tahee, qaydhin lagu diirtey
Qarqarsigu intuu sudhanyahee, laga qawaafaayo
Qool-sirir intaa ay tahay ee, qadhabi ay gooysay
Qoqobbada intaa lagu xidhee, qodaxda loo waabay,
Qooraansi eeg maan lahayn, Qa' iyo Woow-geede
Quraar iyo anoon kugu xardheeyn, qaab farshaxameeysan
Qadhadhaytigii beri jiriyo, qaari kugu heesa
Qalanbaawi aan kuu ahayn, qun ugu luuqeeya,
Qasdi baygu kaa soo duwee, kuma qardoofeene
Qiso waliba waageed lehee, qodobka aan sheego;

Qawdhiga gugoo ibo-furtoo, qalalacleeynaaya
Quwad mayay leh qayood soo onkoday, qaro mahiigaan leh
Qawdiidka fadadkoo daruur, lagu qardhaaseeyey
Qubashada cirkoo hoorayoo, dhibicdu qayraantay
Qotonshoo xareeddii dhulkana, qabow ka kaahaayo
Qolqoladana daadkii maroo, qoolo mulacyeeyey
Qoofashoo caleentuna dhiraa, qarisay guudkooda,
Qaar haddaadan dheereeyn adigu, kuguma qeexeene
Qayuurkaa an soo sheegey baad, qayb la tahay meele.

Qaboonada cadceed soo baxdoo, qalimmo saydhaysa
Qacda waaga qaac iyo shucaac, nuurka qabadsiisa
Qandoodsiga intuu ubuxu baxay, qaarba midab yeeshey
Qoyaanka iyo dharabkii ka kacay, oo qandaca toosay
Qaydka iyo calammada ku dhigan, quruxda aad yaabto
Qadhqadhyadii ka duushoo dhammaan, qolofta xaydaaya,
Qaar haddaanad dheereeyn adiga, kuguma qeexeene
Qayuurkaa an soo sheegey baad, qayb la tahay meele.

When Rain Lets Up

Literature is the treasure of our wise culture,
as long as a residue is left, though we carelessly strip it,
though we recite it under compulsion or incompetently,
though we constrict it and bind it with fetters,
or carve it up or constrain it with thorny fences.
I was not contemplating alliteration.
An axe is not the cleverest choice for delicate decoration.
A very clever person once performed for you correctly,
but I am not the one to come to for captivating recitals.
Good conduct guides me. I bear no malice.
Each story has its own time – let me convey my point:

in spring's wet season, sounds clap from the sky,
a long rain follows the dulling of thunder's concentration,
large low clouds hang still and beautiful,
drops clash with great emotion and splash the ground
so rainwater flows over surfaces, cool air rises,
small currents scurry and reshape where water runs off surfaces,
crisp fallen leaves drench with floodwater.
I would never compare you if you were not more lovely,
you are part of these concealed things that I describe.

The cold of dawn and early shafts of sunlight
cause and catch and leak their light
as wildflowers crane up tall and in rainbows
aroused by wet and dew, called by warmth.
You feel amazed, admiring the colours,
as petals stop shivering and come to light.
I would never compare you if you were not more lovely,
you are part of these concealed things that I describe.

Qaysaraanta geel aan la sudhin, qaalmo wada dhiin ah
Qod madheedh leh lagu foofiyoo, qoorta miranaaya
Qansax iyo magool guranayoo, qadowga daaqaaya
Qalqalloocis mooyee mar qudha, qoobka kor u qaadin
Qoolaalliyoo baarqabkuna, qamaxle tiicaayo
Qun mushaaxinaayoo khalqiga, qiiro gelinaaya
Qaloombiga halii dhalay nirgaha, kuray u qaadaayo
Qorrog iyo hadhuub lala galoo, qalab la haaneedey
Qarka dhaafay xoorkoo runtii, qubanayoo daatay
Qammac iyo nacayb laga gudboo, nabaddu qaangaadhay
Qosol iyo mashxarad beelahana, lagu qaxweenaayo,
Qaar haddaanad dheereeyn adiga, kuguma qeexeene
Qayuurkaa an soo sheegey baad, qayb la tahay meele.

Qorrax soo baxaysaad tihiyo, qamarka nuurkiiye
Qoton buuxa qiimaha dadnimo, qaabka socodkaaga
Qawlka hadalka qaafiyadda saxan, talo qorsheeyntaada
Qiyaas toosan qaayiyo wanaag, qodob-ka-faalloodka,
Qacdii aan indhaha kugu dhuftaa, lay qabbaansadaye
Qaram iyo cishqay wada degoo, qarax jacaylkiiye
Quud iyo cuntaba diidayoo, waan qandhanayaaye
Qaraf iyo dab buu igu shidoo, qaacay ololkiiye.

Qaanso iyo leeb ila helyoo, qabay naftaydiiye
Qablay buu wadnaa iga sudhoo, qawyo iga tuurye
Qalyay oo calooshuu galoo, qarradh jidhkaygiiye
Qonofkiyo nabruu igu dhuftaa, qiiq ka baxayaaye
Qardadiyo dhibkuu igu hayaan, qaraw la toosaaye
Qardoofiyo xanuunkaan qabaan, qulub wareeraaye.

Without a whip, camels and blushing young she-camels
are led out to consume the tips of saucer-berry trees
or put to graze on budding acacia,
rocking their necks sideways without lifting their hooves.
And the stud camels crane their necks, walking wonderfully,
strolling confident and at ease, and the people pleased,
new mothers amongst the she-camels nuzzling calves, carried by lads.
A shapely milk-jug and cover for drawing milk
and frothy milk overflowing from the container and dripping
and peace without hatred or cruel gestures
just a coffee break, shared laughter, celebration.
I would never compare you if you were not more lovely,
you are part of these concealed things that I describe.

You carry sun and moonlight,
your sense of your own core, the way you walk,
honouring your word and your good counsel,
the value of your reason, your astute commentary.
When I contemplated you the first time, I became your servant,
love coruscating and exploding deep inside me.
I lost my appetite, went crazy, became feverish –
love struck a match to light me and my body was encompassed by flames.

Love released the arrow, pinned me with commitment,
its dagger hangs from my heart, it cast me across a gorge,
it carried out an operation on my stomach, I was drained,
tripped, crucified,
cursed into calling out in my sleep,
crushed and confused with a sense of resentment.

Quwiil baysku keen uumayoo, dhigey qoraalkaase
'Qaabbilay!' haddii aad i tidhi, qaanac baan ahaye
Qorituur ayay nagu dhacoo, waysu qalannaaye,
Qalbiyadii is doortaa ku dega, nolol qabowgeede
Qudh inay wadaagaan ayaa, qaalib la hubaaye
Qormaday yagleelaan ayuu, qayrku hadhiyaaye
Qoyskii jacayl lagu unkaan, qoonmin abidkiiye
Qisaas oo dhan baa daynaysiyo, qulub wareerkiiye
Qaxar iyo dhib baan lagu arkayn, qaylo iyo buuuqe,
Qaaddir weeye mahaddii haddaan, dhaabnay qodinkiise
Qayrkaa adaan kaa xushee, qabo hoggaankeenna.

London, 2012

But God made us man and woman for a cause.
Say you agree and I'll be satisfied, convinced
our lives are predetermined to concur,
the hearts that choose each other and find calm
can become soul mates and partners
settled and sheltered by kindness.
The family that commences in love never ever fails,
will never face castigation, restlessness or depression,
will not experience calamity or keening.
Praise God if we mark a clearing for a new family.
It is you I call to lead me home.

London, 2012

Xaqa suxufiga

Xaqa suxufigee lumay
Xabaalaha kan lagu guray
Xasuuqaan la dabarjaray
Xorriyaddaan la siinayn,
Xaashidey ku taallee
Ku xariiqantay sheeg?

Suxufiga in lagu xidho
Xabsiyada dambiilaha
Xabbad lagu dilaacshoo
Xuquuqdood la duudsiyo
Xaqdhawr aan la siinayn,
Xaashiday ku taallee
Ku xariiiqantay sheeg!

Xaqdarradan dillaacdee
Xamastiyo carruuraha
Lagu xiiray maatada
Xaawaleey la dabarjaray
Xamar haw darnaatee
Haddii ay xog sheegeen,
Maxaa loo xasuuqoo,
Tolow loo xidhxidhayaa?

Ninka xadhigga miiqee
Xumaatada ku noolee
Xasillooni diid iyo
Tuuggaa wax xadayee,
Xabbadaha ridaayow!
Xisaab baa ku daba taal.

The Writer's Rights

Journalists were discarded;
rights thrown in unmarked graves.
Men massacred; erased.
The press stripped of freedom.
Where is it officially written?
Where's the act or legislation?

Journalists were jailed,
crammed in cells with criminals,
or brought down in bullets,
their humanity denied.
There was no respect.
Where is it officially written?
Where's the act or legislation?

Injustice is infectious,
your children are not safe,
your elders are not safe,
they will wipe out your women.
Mogadishu is worst.
If journalists wrote of wrongs
why they were slaughtered?
My kinsmen, why the arrests?

The warlord's rope's a trap to trip
the public – to obstruct,
opposing peace, and hey you, thief!
Raiding our riches,
opening fire on our people.
You'll be called to account!

Waxba yaanan xiiqinoo
Ku xabeebsan hadalkee
Soomaalaan xurmeeyn iyo
Xushmad ruuxna siinoo
Xabaalaha ku faantoo
Xooggeeda aastoo
Xinjiraa ka dhuratoo
Xuurteeysa geesiga.

Xeerka dunida kuwa qoray
Sida ay xaqiijeen
Saddex baan xumaan geyin:

Suxufigu xor weeyaan
Xaqay noo iftiinshaan
Nabadday xasiliyaan
Xaasidkay la diriraan.

Markay xaajo dhabaqdee
Xarbi laysku qaadee
Rasaas xaami dhacayso
Xiinka roob la moodaa,
Xag kastaba ka yeedhee,
Meydku uu xad-dhaafee
Xisaab beelo dhaawacu
Naftu xanaf wareertee
Xusulduubto orodkee
Xammil joogi waydana,
Suxufigays ku xooroo
Xayndaabka jiidhoo
Warka soo xaqiijoo
Xuduud malaha celisoo
Xadku waa u furanyahay

Let me pause – I pant.
I get hoarse, reciting this poem.
There's no honour in Somalia –
where's modesty or manners?
They just brag of bodies, burials,
dismiss and devalue unity,
make victims of their citizens
until smartness and strength drain out...

Listen: it's an international law –
there are three types of people
it's forbidden to harm or hurt –

Firstly the independent journalist
who spreads truth,
seeds justice,
resists envy.

When hell breaks
and people fall to fighting,
bullets crisscrossing from cartridges,
whistling like a type of rain
that comes from every corner,
too many corpses to count
and numbers stumbling wounded
and life is disgusting,
you could flee, be free,
escape what you can't endure,
but journalists go towards it
through gunshot, barbed-wire,
they report the true news.
They have no borders
and warfronts open.

Ma geyaan xumaatoo,
Suxufigu xor weeyaan.

Afartaa nin xiisoo
Ku xadreeyey jiifkoo
Xuskiisii kursigu galay,
Isagoo xilkii sida
Xiddigana ku taxan yiin
Ku riyooday xalay baa
Markuu waagii xaytamay
Xawaarii ka toosoo
Xaadhxaadhay boodhkii.

Marka ay xantiisiyo
Xam-xamtiisa heegaan,
Waa xeedho madhan oo
Ka xaalufa wanaaggoo
Xaajo kale ma keenee,
Inta uu xanaaqoo
Xawlalladu kacaan buu
Xannibaa wargeysyada.

Fannaan xiiso badanoo
Xarakeeya luuqdoo
Ku xeeldheer garaacoo
Xilli kasta diyaaroo
Xubbigiyo kalgacalkiyo
Xasuustii fogaatiyo
Xoorkii idiin shuba.

Marka ay xannibantee
Taladu ay xayirantee
Xagaldaaca keentana

You're forbidden to harm them.
Journalists must be free.

The wannabe dictator, ravenous
for absolutes, gorging on power,
on higher positions,
dedicates himself to leadership –
three stars, a general's rank.
Dreaming of this command
when the dawn breaks
he wakes galloping, feral,
slapping dust from his flesh.

But gossip becomes allegation,
and when journalists look closer
this man shows no perception,
no moral resolution,
and lacking a solution,
begins to get a temper –
spleen swelling veins.
He shuts the newspapers down.

Secondly, don't hurt the artist
who writes musical notation,
who knows how to play
any instrument in reach –
always singing songs of love
In the genre's great tradition
to slake your hunger.

Thirdly, when life's muddied
and nothing can drag it out
and things fall to chaos,

Fannaankaa u xaytoo
Ka dillaacsha xuubkoo
Xantoobsada dhibaatada
Oo ma geyaan xumaatada.

Xilkas weeye gaaroo
Xigmad Eebbe siiyoo
Murti Xaakim barayoo
Waa xeelad gaaroo
Xidid weeye hoosoo
Xananaaya ciiddoo
La xarbiya gumeystaha;
Marna xabagbarsheed iyo
Xareed roobku shubay iyo
Xayskiyo gugii iyo
Dayrtoo xab bururtoo
Xooluhu dhaleenoo
Xasillooni nabad iyo
Xamdi Eebbe lagu jiro.

Waxa xaraf ku muujee
Taariikh ku xaydee
Ku xardhaaya suugaan
Xashaa lillaahiye,
Xeerbeegti weeyoo,
Abwaankaan xumaan geyin.

London, 2008

it's the poet who's needed,
unpeeling, peering,
taking matters on their shoulders.
You mustn't crush them either.

At times, they bear responsibility –
their talent comes from God.
Allah gives craft and creativity –
unusual, natural ability,
deep-rooted knowledge that's grown
from far down in the soil
and fights colonisation.
Other times, they're honeycomb,
or rain splashing from clouds,
drops that fall in Spring,
or Autumn's breaking waters
as farm animals give birth
during peace and harvest,
and people, thank Allah, prosper.

Those who use words well
must take history's point
to ink a beautiful literature.
Honestly, I swear:
you can't harm the journalist or singer,
you must never harm the poet.

London, 2008

Daabaqad

Dabuub gabay baryahan maanaan tirin da'ayo waw geede
Duugi maanso waan jooji iyo dulucdii suugaan e
Ma dareersho geeraara daan daadahayn jiray
Qofsee dirkiisu soomaali yahay waa damqanayaaye
Ciil buu la daaduumay oo wuu dardhanayaaye
Naftaa igu dirqiyeysee ma rabin dib uga faaloode

Da'da gumayste diidaya buu daawo geliyaaye
In tuuse dawdar talinayo iyo doqonka sii liitaa
Dux u yeelan maayaan idhee daba hadalkooda
Mar hadday durbaanka u tunteen dabaqa hooseysa
Dugaagba dhammaan idhee daaba hadalkooda
Iyagaa iswada dooxay ee daaba hadal kooda.

Daabaqad nin lagu jiiday oo doolar lagu iibshay
Oo ramuud dalabayaa hadhee daaba hadalkooda
Kuwo darajo beeniyo la sudhay duubka madax wayn
Misna digo shidayaa hadhee daaba hadalkooda

Dareen kaa i farayee ma rabin inaan ku daalaye
Duul hore u lumay baan intaa doon i leeyahaye
Dib waxan u dhaca ahayn ayay doon i leeyahaye
Damal aan hore u wayay bay doon i leeyahaye
Geesi iilka lagu duugay bay doon i leeyahye
Kuwo doon la wada caariday doon i leeyahye
Qaxootiga dabayl raacay bay dooni leeyahye.

The Mark

For a while I haven't alliterated from 'A' to 'Z'.
I've neglected all those meaningful old poems,
even those I used to recite so beautifully.
Yet, being a Somali, my feelings are aroused now,
I am filling up with anger and loss.
Something inside me urges: stop this silence, speak up.

My poems encourage the anti-colonials,
but, alas, the hopeless are at the helm of power.
I thought they wouldn't heed my words, so why write them?
I saw them beating their drums for the worthless,
lower than animals, and thought: why worry?
They cause their own pain; so why bother?

If a person so cheaply won, brainwashed
and remotely controlled is all that is left, what's the point?
Some are decorated with the highest titles and ranks
but feeding the flames of hatred is all that they do.

I wouldn't choose this, but duty compels me
to seek out and recover our long lost dear ones,
to replace this backwardness with something lasting,
to find the long uprooted gathering tree,
and keep remembering heroes buried in the earth,
and those who have lost their lives in shipwrecks,
and the reckless refugees riding the wild seas.

Deebaaq qof loo qooshay oo dacar la leefsiiyey
Oo dakhar walaalkii ku dhigay doogo la kici waaye
Dabaa laga hulaaqa dalkii dogobyo waaweyne
Inuu dego raga baw diidan oo diirad baw xidhane
Dahramaad ayaa lagu baxshaa sudumi laaye.

Afartaa daryaankii dhiciyo degel madoobaaday
Du-baabad qarxiyo kaarihii laysku dabar gooyey
Miinada la wada daadiyeen dayrka lal raacay
Madaafiicda daran doori gee laysu diran-aayo
Nin da'adkisi babbiyey oon dan kallahayn dheeh.

Dugsi baysu noqon layd hadday garto dawgeede
Soomaali yeey dabar go baad dacalka haysaaye
Dawr baad u tu mataane colaad laga ducaystaaye
Dirir iyo cadaawaa isu galay duqay tidaadiiye
Maalinba da'adow curata ba dalam la siiyeye
Doorkii u kaca yaa mindida lagu dilaacshaye
Dumarkiyo carruurtaa rasaas lala dul joogaaye
Sii roob dayoo kalaa lagu dul hoorshaa
Kii daban ka kuu dhigay ayaad xumo u diidaye

Docda hore intuu kuu galaad danba basaysaane
Duli inaad u gacan taakateen wada la hubaye
Diiwaan madow baad gashoon cidi kadoodayne
Dunjise wada dhash-uun baa tihiin ulliyo diirkeede
Dabka baxaya duufaan kacay diririg taa taagan
Damiyoo dabool sara oo inaga duuduba
Dermo dhiga ducana raaciyo nabada doon dona
Odayaal dawayn iyo u dira culimo diineedka
Idinkoo dirays kiina xidhan labada daamoodba
Darka fura wanaga u degdega daalyey shacbkiiye.

A person made to taste bitterness,
wounded by his brothers, barely recovers.
A great fire is sparked in the forests of my country
and the plan is for it to stay ablaze.
Men have paid a lot of money to ensure it burns unabated.

This is an account of dangers, their devastating effects,
the use of tanks and armoured cars for destruction,
mines scattered all over the land,
howling guns ordered to come from all sides –
all to the disgrace of those who don't care the least for their people.

You leaders would live peacefully if you knew your duty,
but you seem to have chosen a path to your undoing.
You keep promoting war instead of shunning it,
your elders are bent on fanning enmity and hatred,
the upcoming generation is the biggest victim,
the aspirations of youth are the first things slain,
women and children always under threat of gunfire,
like falling rain, it showers down over them,
yet you defend those behind this machination.

You absolve them from villainous deeds,
which means you acquiesce in these miserable affairs.
You have registered your name in history's blackest pages.
The irony is that by birth and race these are your brothers
in flaming fire, rising tide, roaring wind.
Couldn't you end this, acting together?
Be reconciled, worship and work for peace,
engage your elders and clergy in the mission,
come together from feuding sides, dressed in your best,
open to harmony between people, so sick and tired.

Waxba yaanan nabarkii dednaa diririn qoloftisa
Waxii aan la doontaba waa iga darayaan
Balaan soo dabaaloo ducada daayin ila tugno
Alahyow digtoor daacad oo dirac kaa tuugnay
Ku danyso mooyee allow dajiye kaa tuugnay
Alahyow wadani diiran dayiba kaa tuugnay
Allahayow daruraha daiyo roobku wada deeqo
Dayrtiyo gu'ga ba noo shuboo doogu wada beermo
Dahrigana mallow jiifsatee daadku naga maydho.

London, 2010

I don't want to scratch at raw wounds.
Maybe continuing in this vein won't heal anything.
I'll finish, and ask you to join me in prayer
for a gallant, honest leader
who stands against exploitation, for our protection,
steeped in patriotism, steeped in goodness.
May God send us clouds full of rain
to fall in spring and winter and make the land green,
and cleanse our souls of ill-feeling.

London, 2010

Baxsanow

Intaan bukto jiifto oo
Bustaha iyo gogosha iyo
Barkimo ay daashatoo
La soo booqdo aan ahaa.

Intaan beercaddaaday oo
Biyaha iyo oonta iyo
Baadkii aan ka soomayoo
Bishmiyo dibnihii ka xidhey.

Intaan talo baahsanayad
Baandheeyey warkeeda oo
Buuggiyo qorihii furoo
Baabkii noloshayda galay.

Dadkoo badankii hurdoo
Habeenkii uu badh tegay
Ayaan baasaha adduun
La yeeshey hawlo badan.

Bariidadu way dhibtaa
Baashaalkii waan ka go'ay
Sidii aan bayr qabaan
Anigu baadiyoobayoo
Bannaanka wareegayaa.

Beerkiyo wadnuhuu degoo
Bariinsaday caashaqii
Boogtii uu igu dhigaan

Beloved

Like a bedridden patient
unable to venture
beyond mattress and pillow,
forbidden anything but a visitor,

I burn inside.
I can't imbibe water.
I can't eat bread.
My lips have been sealed shut.

Many days I've bestowed
on battling with what's best,
no page has been unturned
in a bid to find my fate.

Beyond, others slumber soundly
in the night's blackness
but I engage in barren arguments,
bicker with each day's events.

I find best wishes tasteless.
I can't be pleased by social niceties.
I feel so phobic,
I like loneliness better,
ambling aimlessly through plains.

My heart belongs to him.
His love has beaten me.
I am under such bewitchment

Bulshada ka ilaaliya
Baal-daaq baan keli ku ahay.

Bu'daydiyo aragtidii
Bartii dhegaha iyo maqal
Basaasoo aawadaa
Cidlay kaa baafiyaan.

Intaan babbaca iyo dhagax
Burciiddoo aad u kulul
Bacaadka lugeeyayoo
Cadceedda baqoolayoo
Baraadli'i socod ku maray.

Intaan bayhoofayoo
Booraamaha jiidhayoo
Biimeeyey naftaydiiyoo
Dartaa boholaha u galay.

Dhammaan baallayda iyo
Banjoogta ugaadha iyo
Bullaale libaaxa iyo
Baraale shabeelka iyo
Bahweyntii habar dugaag
Bankiyo aydaba la degey.

Waxaan basanbaasanahay
Basiirad korkaygu yahay
Basaasta jidhkaygu qabo
Waxaa iga bi'in lahayd
Baxsanow waa aragtidaa.

I blanch at social gatherings,
I hold myself back.

My bearing and discretion,
all that's visible and audible
has been blunted
as I beseech in the wilderness.

I walk the brutal stony land,
bear the burning heat of sand
and ramble about
under the blasting sun
blind to my destination.

Many times I've been lost
and fallen into an abyss,
risked my life in this bid,
got into bad situations.

All the winged birds,
brute animals, game animals,
the blond-coloured lion,
the blotched leopard,
the wider kin of wild beasts,
I settle with them in the open land and the bush.

The blows that I suffer,
the blues that hang over me,
the withering body
would be long gone
O Beloved, with the sight of you.

Boggaa kuu oomayoo
Bawluhu dhiiggii ma habo
Bishmuhu hadal way gabeen
Indhuhu bidhiqday hayaan.

Buruudkii inan-ragow!
Badheedhaha geesigow!
Bildhalad kaan doortayow!
Birlabtii aan jabayn
Bayaan baa loo xushaaye,
Raggaba kaan kala baxoow!

Waxaan ku badhaadhi laa
Bushaaradda faraxaliyo
Bil khayr ii noqon lahayd
Naftani ku bogsoon lahayd
Bidhaantaadoo qudhee,
Hadmaan baxsanow ku heli?

London, 2010

I observe my thirst,
my heart not functioning as before,
my lips benumbed,
my eyes blinking.

You're admired by men,
a brave hero.
Be my new moon –
unbreakable metal,
the desire of my being,
the best of all souls.

What comfort it would be
to hear that bright news.
Such balm to welcome you,
to abate the anxiety –
to behold you.
When, Beloved, will that be?

London, 2010

Agoon

Ararta gabayga waayadaan, eeg isma lahayne
Ma aloosin maansooyinkii, aan astayn jiraye
Alifka iyo Miimkaba ma curin, iba furkoodiiye
Asaaski murtida waanigii, daayay illinkeede
Allaylee markaan uurxumada, eegi kari waayay
Inaan erey idhaahdaa kolkaa, way ekoontahye.

Waddan aabbihii waayay oo, wada agoomoobay
Ay ooridiisii mar hore, aakhirow hoyatay
Afka oodda laga saaray oo, aqal madow taagan
Oo aan adeer iyo abtiyo, eeddo kale haysan
Oo ehelka kii ugu xigaa, iilka wada geeyey
Oo ay ayaaniba ayaan, ugu amaah doontay.

Abris aadunoo laba afle ah, odayadiisii dheh!
Wixii aan aqoonyahan lahaa, aaway magacood dheh!
Isma dhaanto bay wada noqdeen, inan raggeedii dheh!
Ergadoodu waa taa iyaga, uubta gelinaysa
Amley baa wadnaha laga sudhaa, amarka kii diida
Iyagays arkaayee cid kale, kuma ilduufteene
Indho beeshey Soomaali oo, waa ogsoonnahaye
Awood hadday lahayd beri iyagays, jaray unuunkiiye

Abeesow inkaaraa dhiciyo, aafadiyo hoogga
Awaaraha iyo boodhkaa ka kaca, arladi Soomaale
Uuradaa ka boodaysa oo, aadmi geli waayey
Adduunyadaa ku tababbarata oo, waa iskuul furane
Ummaddii ku noolaydna waa, kala abraareene.

Orphan

Lately, I haven't attempted poems, or arresting public attention.
I've stopped articulating verses, advancing my words,
haven't recited the initials – the alliterative letters of *Alif*.
I've stopped being involved, playing by form's essential rules,
but how can I stand useless, whilst my people grieve and ache?
With affairs as they are, I must utter a few words.

A country has lost its father. It is entirely orphaned.
Long ago his wife crossed over. She passed from this earth.
The land's sealed off by fences, behind them dark acts happen.
There are no uncles to help, there are no aunts,
instead kin kill each other; they dig each other's graves
as life undermines life; one day occurs after another.

Say it: snakes are toxic-tongued, assuming human masks.
Say it: we can't observe those we once called intellectuals.
Say it: no one is different, they are all equally bad.
Where are the envoys? Cast into a pit.
Those who refused orders? Blades stabbed their arteries.
They antagonise each other, ignore the others,
these unseeing Somalis, who can't tell good from evil.
If once they were mighty, today they engage in self-slaughter.

Hey Abees! There's been curses, affliction, sorrow.
Above Somali ground, clouds of dust unspooled.
Humans couldn't endure it, the heat-blast of awful burning
or the dumping ground, where a world practises shitting.
An urgent stampede, no abode here for the living.

Argaggaxii ku dhacay waa kuwaa, inniba meel aadday;
Inna waa intaa ooyaysee, wada itaal beeshey
Inna waa intaa ololaysee, loo arxamahaynnin
Inna waa intaa aay cidla' ah, lagu ugaadhaysto
Inna waa intaa aayo li'i, arad Carbeed daadsan
Inna waa intaa aradkan Gaal, eeridhaban keeney
Inna waa intaa eedadday oo, ubuc badeed jiifta.

Ayaandarrada ina haystaan, la anfariiraaye
Eerigo'anka aan taagannaan, la amankaagaaye
Is afgarad la'aantaa ayaan, ka istixyoodaaye
Asaraarka diintii galee, loo abtirinaayo
Arday iyo macallinkii ayaa, wada alhuumaysan
Astaantii Kitaabkay wataan, iyo Axaaddiise
Nin waliba intuu doonayuu, ku andacoodaaye
Abdo beeshayoo waydinkaa, aan u tudhahayne
Waxa aan galnee uumiyuu, innagu eedeeyey
Af-ku-xoogle mooyee nin kale, waa ogsoonyahaye.

Aheey sow qalbiga kama ilmeeyn, umal la taaheenna!
Aheey sow qalbiga kama ilmeeyn, aayo li'idiinna!
Aheey sow qalbiga kama ilmeeyn, aniga ii daada!
Aheey sow qalbiga kama ilmeeyn, aano nagu raagta!
Aheey sow qalbiga kama ilmeeyn, ayaan li'ideeda!
Aheey sow qalbiga kama ilmeeyn, 'aayar tali!' diidka!

Hooyada sidii igadh maqaar, wayday ubadkeeda
Hooyada halkay eeg tidhaa, lagaba awdaayo
Hooyada 'ax!' iyo 'way!' ku nool, oogtiyo allaylka
Hooyada halkay addin dhigtaba, adhax wareegaysa
Hooyada agteedii madfaca, lagu asiibaayo.

A terror so intense, they fragmented, fled apart:
some of them are impotent, they are howling out for help,
some of them are attacked, bombs aim at them without pity,
some of them are hunted, hiding in the jungle,
some of them are hopeless, flung across the Arab World,
some of them are running to asylum in the west,
some of them take boats, sink to death in the unfathomable sea.

I'm altogether bewildered. Don't understand this misfortune.
I'm angered in isolation – it feels like we're all alone.
I'm embarrassed at the lack, how there is no understanding –
wrongly interpreted religion, and the constant contradictions.
How insecure the student and educator's situation –
they're both aware of symbols in the Hadith and Qur'an
and select the lines of text that suit their assertions.
With your absence of mercy, the Qur'an loses eternity.
Other nations accuse us, and we've performed those acts.
Everyone knows this, but those who act.

Oh don't I weep and mourn in my heart, out of rage and agony?
Oh don't I weep and mourn in my heart, for the empty future?
Oh don't I weep and mourn in my heart, for their 'leave-me-alone-to-have-
    it-all'?
Oh don't I weep and mourn in my heart, at idle hate and revenge?
Oh don't I weep and mourn in my heart, that we're not assigned to
    Paradise?
Oh don't I weep and mourn in my heart, when power's not quiet or easy?

Think of a mother, like the she-camel whose offspring has died –
they fill its skin up with grasses, trick her into giving milk.
The mother searches from dawn until dark, she moans *ah* and *oh*.
Every time she steps, an explosion rips her spinal cord,
every time she steps, heavy artillery shells fall.

Waxba arami bay jiifsatee, yaanan urugoonnin
Isticimaar hadduu ii dhashiyo, amar-ku-taagleeyne
Addoonsigaan ka baxay waanigaa, galay albaabkiise
Afrikada madow bayga daran, aarka saanta cade
Asqow baa raggii iga noqdoo, wuu anbanayaaye
Sidii awrta raraygoo kalaa, 'ooh!' la leeyahaye
Ama adhi xayeeysoo kalay, wada ekaadeene.

Afgembiga wax igaga daran, amal la'aantayda
Aayar baa wixii layla rabaan, oofinahayaaye
Ilig baa la dhaafsaday Abees, udubdhexaadkiiye
Asaaggay haddii aan ka hadhay, eegmo xumadayda
Waa inaan illoobaa naftaba, way eekoontahaye
Waa inaan abaadaa sidaan, aakhirow kacaye
Waa inaan adduunyada dhammaan, kaba ag guuraaye.

Waxba alifku yuu ila gudbine, waxaan ku soo ooday;
Eebbow iyagays eersadee, cidi ma aanayne
Eebbow is aamminid la'aan, uurxumada taalla
Eebbow iyagays wada arkee, adigu soo oolli,
Eebboow abaaraha dhiciyo, omoska jiilaalka
Inuu ubuxu noo soo baxaan, kaa igmanayaaye,
Nabad baan u oonnee Allow, adigu noo oofi,
Neecow udgoon badan inaad, uga dambeeysiisid
Isnacayb ayaa kala galee, mid isu keenaaya
Oo Eebbihii garanayaan, hadal ku soo ooday.

London, 2009

Let me not eat out my heart, though distress accompanies me
and colonialism and dictatorship are reborn in my country.
Though owning slaves is over, inequality's door creaks open –
the black Africans are worse than white colonizers earlier.
Our men have lost awareness and also their way
like calves instructed to take the burden, to slow up at *whoa*!
Animate skeletons, undernourished goats, their bones show.

But our hopelessness is the worst act, in this upside down society,
how, unresisting, we execute malevolent orders.
Hey Abees! The nation's trust was ensnared by selfish wealth.
If we're far behind our peers and looking so appalling,
maybe the appropriate thing is not to keep on living,
not to endure as if it's already after,
to move away entirely from this earth.

Let me halt my *Alif* alliteration. I could go on and on.
Oh God, no one else is responsible. The blame ends with Them.
Oh God, the suspicions, the endless ill will.
Oh God, the collusion, the grudges against each other.
Oh God, the parched season, the drought occurring now.
This is a prayer for flowers and leaves.
Oh God, bring ease. We thirst after peace!
And later, usher in new starts, fresh air –
release from intense hatred. I end now:
may a leader, obeying Allah, bring us together.

London, 2009

Dhaan Nageeye

Xalay dhaan nageeyiyo
Gudgudaha dhawaaqiyo
Miiraale dhumuc laa
Intuu weedhka laba dhigey
Ilaa dhoolki waabari
Dhibic nagu dul hoorshoo.

Seermaweydo dhalatiyo
Waqal dhibida saydhiyo
Mahiigaan dhammaysaa
Dhinaca isa saaroo
Mayay dhuubka tuuriyo
Dambarsame is-dherershaa
Dhagaxa iyo ciiddii
Dhanka kale ka rogayoo
Dhiiftii ka maydhoo.

Cir dabayl dhirbaaxdiyo
Dhaxan laga cabsoodiyo
Aan dhibaato wadan baa
Muddo nagu dhashiishoo,
Dhudhubta iyo jeexyada
Dhulka hoos u qodayoo
Intuu dhaanshay godammada
Balliyada dhammaantood
Noo dhigey xareeddii.

The Rain that Stops the Caravan

Last night's rain delayed the camel-water caravan.
Rain that poured noise into the night,
heavy from heavy clouds where thunder huddled,
pelting plentiful water on everything.
Until the fair, dawn clouds
rain spilt in torrents upon us.

In the middle of our abundant, soaking season
a mass of clouds yielding damp specks,
then substantial sopping rain,
stood shoulder to shoulder, supporting each other.
Dawn-light streamed through squalls.
This august, Mother Nature flexed her muscles,
upended rocks and sands
to land upside down
and exhaustion was rinsed clean out.

Windstorms slapped the sky,
not with terrifying cold
or brutal damage,
but steadily, for some time.
Rain dug straight into ground,
made narrow valleys, deep cracks,
topped up every curved surface with water,
filled up all ponds
with new water.

Dhamasta iyo geeduhu
Dhirtu wada magooshoo
Dheegga isa saartoo
Dheeldheelliyaysoo,
Dhoobadiyo rayskana
Wali raad la dhiginoo
Dheereeye marinoo
Xooluu dhadhaminoo
Isku dhoonsan tahay keli.

Dhudayaraha dooggoo
Dharabkii ka sara kacay
Laydhuna dhegaa sare
Dhaqdhaqaajinaysoo,
Ubaxii dhammeeysmoo
Dhafay midabyadiisoo
Dhalcadii arooryaad
Dhabannada ka haysoo
Gantaallaha is dhaafiyo
Dhinbiilaha ku saydhoo
Caleentii dharqanaysoo
Biyihii dhammaysoo.

Balambaallis dhiciroo
Qalimmada ku dhigan iyo
Dheeheeda yaabka leh
Aad la dhaygagaysana
Hadba laan ku dhacaysoo.

Shimbiruhuna dhaantiyo
Dheesha iyo heesaha
Dhawaaqa iyo foodhida
Isu dhiibay luuqdoo,

Now trunks and evergreens
sprout new growth
leaning against each other's flanks.
Tilting, overbalancing,
earth drenched and muddy
without footprints,
without humans,
where no animal has even tasted
the thick fresh green.

Verdant foliage,
dew dripping from leaves.
A gentle wind moving
the tips of leaves.
Blossom everywhere,
mixing its colours,
and the morning heat
warming east-facing flowers,
rays of light travelling to plants,
tiny sparkling drops splash suddenly,
intensely, leaves sipping too,
quenched by water.

New, graceful butterflies
bright-winged,
worth watching in wonder,
worth staring at in astonishment,
flash from branch to branch.

And birds dance *dhaanto* in pairs,
sing songs and musical phrases,
make calls and whistles,
exchanging voices,

Rahu dhinac ka raacshoo
Dhoollatusanaayoo
Isaguna dhankiisii
Dheereeyey sheekada.

Hohob dhogorta tuurtiyo
Dhafaruur bislaatiyo
Dhiin-casow madheedhkii
Dhanaanowga jinawgii
Like dhoorka fuurshiyo
Dhuubaneey marooradu
Dhulka taal gacayradu
Surtu dhuuxa jiiftoo
Dhurdihii ku shirayoo
Dhacadiido malabkii
Dhoonta iyo xabagtuna
Isku dhibitiqeenoo.

Maalkii intuu dhalay
Dhammidiis ciyaayoo
Dhitada iyo gadhoodhkii
Dhayda iyo ciirtii
Dhanaan yara il qaad ihi
Dhiillaha ka buuxoo
Lagu dhurayo weelkii.

Nimco dhalatay weeyoo
Rabbi noo dhammeeyee
Ruuxii dhexjoogaan
Dharaar iyo habeennimo
Kala garan dhabtiiyoo,
Nefis ugu dhakooloo
Dhadhabaya faraxoo

whilst the frog, from the sidelines,
alerts us to his strength
by calling loudly,
consistently.

The mallow raisin grooming its blond hair,
the *dhafaruur* ripe for eating,
the saucer berries,
the *jinaw*, salty and bitter,
the mohican of the swollen *hydnora abyssinica*,
the slender succulents,
tiny plants covering the earth,
their honeyed hearts,
and the wasps gathering
at the stockpiled sweetness,
acacia and prickles of blue *xabag*
besprinkled between each other.

Newborn animals
make their own funny sounds.
The reserved sour and fresh milk,
the raw and buttermilk
with its intense bitter flavour
fill up in milk-vessels
which multiply.

It is newfound prosperity,
completed for us by God.
Anyone present here
could scarcely tell the difference
between day and night
as all is rest. I find an empty space,
settle with happiness

Dhafandhaafka quruxdii
Dhaayuhu mudeen oo
Dhankii aad jaleecdaba
Indhahaa dhergaayoo
Araggaa ku dhaashtoo
Eegmadaa ku dholoshoo
Naftu dhugashadeedey
Milicsiga ku dhawrtaa.

London, 2011

for the prettiness.
Moved by beauty
anywhere you look,
your eyes get their fulfilment,
seeing sates your vision.
Watching raises waves of feeling.
I keep glancing
warmly, I look a long time.

London, 2011

Gunaad

In dhoweydba gabaygii ma gelin, kala-gurkiisiiye
Googgooskiyo masafaadka iyo, guurow lagu heeso
Geeraarka maansada ma furin, gebiba suugaane
Murti gaawe lagu soo shubana, waan ka gaabsadaye,
Doc markaan gufeeyaba mid kalaa, galow ka yeedhaaye
Aan godaalsho caawoo kalaan, gorofka buuxshaaye.

Garrida iyo dhoobada markuu, Guulle naga uumay
Ee gibilkii Nebi Aadan iyo, Xaawa naga gooyey,
Tolow geedka yaa xaadhay ee, gurada kuu raaray,
Gadhwadeen ku yidhi waa tihiyo, lamaba gaadhaanka?
Gudcur talada lagu goostay baan, guulo lagu hayne,
Is garwaaqso Soomaaliyeey, garashadaa beene!

Geeshkaa dhanee nala degaa, gooni loo xidhaye
Godob aan la sababaynnin baa, guudka loo sudhaye,
Waa guuldarriyo hoog dhibkaan, laga garaabayne
Taariikh gurracan weeye oon, geesna qabanayne,
Odayada nabsiga soo galee, wali ku gaashaaman
Guntintay xidheen baan rabaa, inaynnu goynaaye.

Gunaad raagay weeyiyo hurgumo, gogosha noo taalle
Haddaynnaan gilgilashada xumaha, gacanta loo taagin
Innaguna garaad yarida taal, waa la gelaynaaye,
Odayada nabsiga soo galee, wali ku gaashaaman
Guntintay xidheen baan rabaa, inaynnu goynaaye.

The Scab

Recently I haven't recited *gabay*, I can't grapple with it;
the task of intoning, chanting *masafo* and *guurow*.
I've not recited *geeraar*, not any of the canon,
I'm not prepared to give you a poem which is a half-empty milk-vessel
full of unsealable holes.
Let me gift my opinions with concision and clarity:

when Allah formed man from the dust of the ground,
made Eve and the prophet Adam, from whom we were begotten,
O my kin, who swept the grubby earth under the tree and gave you a crown?
Who said you are a leader of high caste granted privilege?
Decisions made in the darkness never meet with success.
O Somalis get a grip, you have been convinced by a lie!

A section of our society lives amongst us segregated.
Gall and indignation seeps from this mistreatment,
this ghastly condition, and disasters show no sympathy.
History is twisted, our grotesque deviation lacks reason.
The older generation turns grief into fate, guards the cruelty of caste.
Let's get this complex knot untied.

It is an old, hardened scab from a gash, an infection awaiting remedy.
If we don't feel disgusted, or hesitate before malignant deeds,
if we don't gainsay it, we're complicit.
The older generation turns grief into fate, guards the cruelty of caste.
Let's get this complex knot untied.

Ummaddan gooni loo riixayee, geeska lagu feedhey
Guhaadday qabaan baa qalbigu, ila gariiraaye
Gaar loo faaquuqay naftani, hibasho goohdaaye
Gujadaa qanjaha laga geshaan, gama' la diidaaye
Gardarrada dadkaa lagu falaan, gabax ilmeeyaaye,
Odayada nabsiga soo galee, wali ku gaashaaman
Guntintay xidheen baan rabaa, inaynnu goynaaye.

Soomaalay gob iyo waa gun iyo, kala gurkaad sheegtey
Gadh madoobahaad ciishay iyo, gabannadaad dooxday
Ganbooleyda aad baacsatiyo, gu'rintirkaad reebtey
Gashaantimaha guur beeley waa, gumaro kuu taalle,
Odayada nabsiga soo galee, wali ku gaashaaman
Guntintay xidheen baan rabaa, inaynnu goynaaye.

Aan gunaanadkii mariyo iyo, hadal guddoonkiise,
Waa giraan wareegaysa oo, dunidu waa guure
Hadhka labada gelin weeye oo, galabba waa cayne
Gabooyuhu guddoonshuu ahaan, gaadha meel sare'e
Geeddiga mar uun buu ku furi, guri barwaaqaade
Guushka iyo malabkuu ka guran, godammadeenniiye
Geelaa u dhaliyoo mar buu, gaaxda laba maali,
Insha Allaahu Guullaan baryee, way u geli maalin.

London, 2009

People have been set apart, gravely bullied.
My heart beats angrily, is crushed with gloom at this unfairness.
It grinds in my mind, how they were pushed away.
I can't sleep for thinking about punched jaws.
In a gaping space I weep for their grim treatment.
The older generation turns grief into fate, guards the cruelty of caste.
Let's get this complex knot untied.

Somalis, you profess belief in the noble *gob* and the lower caste *gun*,
those black-beards angered over the children you disemboweled.
You goad their married women, brutally rape them, get them pregnant.
Their women of marriageable age are too low-grade for you.
The older generation turns grief into fate, guards the cruelty of caste.
Let's get this complex knot untied.

Summing up my argument and dedication to this cause:
no one lives forever. The world is a fleeting glory.
Just shadows, which shift all day: shape, size, where they're going.
The Gabooye will one day rise in status,
their destiny will be peace and growth; strength under great pressure.
They will gather honey and supple leaves in our low-lands.
Their female camels will give birth, udders groaning with milk.
They shall overcome hardship one day, God willing.

London, 2009

Xamdi

Duqay xeerka adkaysa
Arday diin xifdiyaysa
Aqoonyahan xaqa dhawra
Madaxweyne xalaal ah
Xushmad loon ka dambeeynno,
Militari nagu xeeran
Calankoo xor u taagan
Waan u xiiso qabnaaye,
Xaakimkoow na tus maanta!

Xurriyaddoo Rabbi buuxsho
Xaasidkoo la idleeyo
Xaqdarradoo la dulleeyo,
Xumaantoo dhan mid reeba
Xamdi Eebbe na siyoo
Waan u xiiso qabnaaye,
Xaakimkoow na tus maanta!

Mid danteenna u xaydan
U xanjeeran wanaagga,
Badahaa la xadaayo
Ugaadhaa la xasuuqay
Macdantaa la xagaafay
Tahriibtaa lagu xaaqmay,
Mid ay xaaddu u diirto
Xuduuddeenna ilaasha
Oon lagu soo xadgudbaynnin
Waan u xiiso qabnaaye,
Xaakimkoow na tus maanta!

Praise

Elders strengthening the constitution,
students learning the Qur'an by heart,
fair-minded scholars upholding justice,
legitimate presidents conforming to law,
held in high esteem and respected,
a military that defends its people,
the independent flag flying overhead –
these things matter to us, Allah,
show us them today.

A blessing on our complete liberty,
an end to envious individuals,
injustice subdued, thoroughly defeated,
and the one we need, who fights evil,
the one who deserves our praise –
these things matter to us, Allah,
show us them today.

We need one who perceives our aspirations,
possessing morals, disposed to see
foreign fleets looting our sea,
the extermination of wild creatures,
the plundered mineral resources,
the migrants sinking under water.
Someone selfless and compassionate
who watches over us, protects our border
from violations of sovereignty –
these things matter to us, Allah,
show us them today.

Mid waayeelka xurmeeya
Xannaaneeya agoonta
Xoogga kii aan lahayn iyo
Mid xasuusta dhallaanka,
Mid xaaraanta ka roora
Xaadiraaya salaadda
Xadiiskeenni Rasuulkiyo (CSW)
Mid xaqiija Quraanka
Waan u xiiso qabnaaye,
Xaakimkoow na tus maanta!

Xaaladdii waddankeenna
Xurmadii dhaqankeenna
Naftu way u xubeertoo
Way u xiiso qabtaaye,
Xusuus yar aan ka tilmaamo:

Xilli roobku da'aayo
Xoolahiina dhaleen
Xoorka oo la lisaayo
Xaawaley ciirta lulaysa
Xantadoo laga shiilay
Sixintii xaggan taalla
Waan u xiiso qabnaaye,
Xaakimkoow na tus maanta!

Googgooskoo la xardhaayo
Iskujoog xarafaysan
Toddobaadle xariir ah
Kebeddoo la xurmeeyey
Farshaxankaa xigmadeeysan
Ku xayndaaban wanaagga
Waan u xiiso qabnaaye,
Xaakimkoow na tus maanta!

One who admires his elders,
who protects the orphans,
cares for the disabled,
remembers small children,
abstains from prohibited acts,
performs prayers five times daily,
verifying the Qur'an
and Hadith of the Prophet, peace be upon him,
these things matter to us, Allah,
show us them today.

In the present situation, in our country,
one who also values our culture,
because the soul needs it,
always desires it.
Let me explain:

a season when it streams with rain
and domestic animals give birth
and frothy milk is drawn from the animals by hand,
women shaking it to butter
and the foam of frying butter
and the ghee set apart from the rest –
these things matter to us, Allah,
show us them today.

Natural woven grass,
beautifully decorated hides,
silken mats with their club-shapes,
and bark mat roofs,
the fine display of art and craft,
knowledge and experience –
these things matter to us, Allah,
show us them today.

Xamakowgoo bislaaday
Quwaaxii xagashoobay
Madheedhkoo xinjiroobay
Hohobtoo qolof xaydday,
Shinnidood xiinka ka yaabto
Malabkii xidhxidhaysaa
Dhurdihiina ku xoomay
Waan u xiiso qabnaaye,
Xaakimkoow na tus maanta!

Balligoo leh xayaabo
Xarfinayso dabayshu
Rahu xeelad dhawaaqay,
Hadba koox xasillooni
Xajinaysa cayaarta,
Shimbiruhuna xaggoodii
Xarrakeeyey codkiiyoo
Hees la soo xulay mooddid
Oo hadba mowjad xidhaaya
Waan u xiiso qabnaaye,
Xaakimkoow na tus maanta!

London, 2008

The Persian carpet flowers ripening
with greenish yellow flowers at different angles.
The saucer-berry puffing up,
the cross-berry removing its husk,
the amazing buzz of the bees,
workers in the honey business,
and the wasps gathered around –
these things matter to us, Allah,
show us them today.

The pond's bright scum on the surface
being cooled by the wind.
Frogs producing their rich sounds,
and a peaceful group of folk artists
performing, cohering in dancing,
and the birds for their part
making lovely music
having selected the best song,
shutting and absorbing frequencies of sound –
these things matter to us, Allah,
show us them today.

London, 2008

Dhawaaq

Dha'da gabayga wataanan tirin, dhowr guyoo tegeye
Dhaantadiyo waa taanan tumin, dheeshi maansada'e
Dhoolkii murtida waanigaan, dhab ugu luuqeeyne
Soomaali ruux dhiig u galay, dhawrsan kari waaye
Anuun baa dhalaallaye malaa, dhuganba maysaane.
Maantana dhawaaq baa bixiyo, dhiillo aan damine
Dhakhaatiirti wada laaye iyo, dhidibki Soomaale
Dhuuxii Caddow bay shubeen, waqay dhantaalmaane
Qamar oo madhaafanna bay, luxudka dhiibsheene
Dhallintii la sugayay mar qudha, dhaadka jebiyeene
Dhirtu waa u oydoo cirkuna, dhibic u soo daaye,
Bal maxay ka dheefeen kuwaa, cunay dhallaankooda?
Dheeldheel ninkiii moodayow, dhamacday Soomaali
Dhaawac baa ka taahaya oo, dhaymo lala waaye
Maydkaa dhalfiifaha noqdoon, cidina dhaadayne
Ubbada kii dhanqalan weeye oo, dhaygag baa dilaye
Dumarkii dhafoorkay hayaan, dhama' daraaddiiye
Dhag hurdada u lediwaa qofkii, dheegtey waayaha
Dhankii aad ka eegtaba qalbigu, waa is dhimayaaye
Qaxootiga kan dhunyaalay baa, dhibay naftaydiiye
Kuwa doonta lagu dhoofiyee, lagu dhammeeynaayo
Ee badweyn ku dhimanaaya baa, dhibay naftaydiiye
Dhaqankeennan baabba'ay ayaa, dhibay naftaydiiye
Diintaa la dhalandhooliyaa, dhibay naftaydiiye.
Xamareey dhibkaagay damqoo, waan dhutinayaaye
Xamareey raggii kuu dhashaa, dhuunta kuu galaye
Xamareey dhurwaa baa ku heley, aan dhergi aqoone
Xamareey nin dhaar kuu galaan, kuu dhammeeyn weliye
Xamareey dhunkaal qooshan bay, kugu dhex daadsheene

A Shout

Many springs have passed, I haven't recited in 'dh'
or played poetry's music, or found it entertaining,
or listened to that wisdom, once chanted to its melody.
If you have Somali blood, this situation's hard to endure.
This is how I've I suffered, unnoticed by others.
But today there's an unbearable noise; catastrophe's cacophony.
Doctors have been massacred, the cream of Somalis.
Damn those who shed the blood, who spilt Caddow's marrow,
who callously killed Qamar, dear to us all,
who have broken these young ones, backbone of our nation.
The tears overflow, the trees and sky are weeping.
Killers of children, what have you gained?
This is not a simple incident, it sets Somalis aflame.
Heavy are the groans, the hurt cannot be healed.
The corpses are scattered, the dead neglected,
littles ones left there, gazing aghast,
women are lost, adrift in deep anguish.
If you saw the scene, you'd be sleepless for nights.
Wherever you look, the heart flees in agony.
Like ongoing migration, this burdens my mind.
How the boats take bodies, to perilous ends,
to die in high sea – I constantly worry.
What has become of us? Perpetual anxiety.
They scorn our religion. They shatter my mind.
O Mogadishu, I'm weak with your suffering.
O Mogadishu, I'm blaming your boys.
O Mogadishu, hyenas attack who don't know satiety,
O Mogadishu, your defenders failed you,
O Mogadishu, they scattered poisonous gum,

Xamareey nin aan kuu dhigayn, baa ku dhaansadaye
Xamareey raggii dhaadhacyoo, dhuuryay baa hadhaye
Dhoongay iyo nacas baa fadhiya, dhamastii weyneyde
Dhira-dhabato kaa beere iyo, geed dhilowyahane.
Dharaartii Ilaah keeno iyo, waaga dhaladkiisa
Dhugta qoriga kaaraha dhiciyo, jiibka dhabanaaya
Dhinbiilaha qarxaayiyo madfaca, dhamacda tuuraaya
Suugaa dhacaayiyo waxaa, dhuumo laba qaacay
Hub gumeyste soo dhiibay baa, laysla dhacayaaye
Dhallaanka iyo maatida ayaa, lagu dhammeeyaaye
Dhabandaadna garanwaa inuu, taa ka dhiidhiyo'e
Doqon baa dhabbada sii hayoo, dhawda muu garane
Dhugdhugtuba raggeer uma dhacsana, jeer la soo dhigo'e.
Waxba gabaygu yuu ila dhacmine, wayska dhigayaaye
Waxa aan u sii dhaadhacaa, waa dhegxumo uune
Dhidarkii xabaalaha qotaan, noqon dhiggiisiiye
Dheef lagama quustee dadkii, waa dhursugayaaye
Duco dhaaban baan marinayaa, dhaha bal aammiinta!
Allahayow halyey dhiirran oo, dhaarta fulinaaya
Oo Dhammays lisaayoo nirgaha, aan ka dhadhinaynnin
Dhiilka iyo gaawaha midkii, dhayda uga buuxsha
Oo nabaddu waa dheemanee, Dheeha uga maala;
Dhulku wuu ilmeeyee midkii, dhab ugu soo hiisha
Dhagaxa iyo ciiddana mid aan, cadow u soo dhaafin
Dhadhamiyo midaan lagu sabayn, dheriga loo buuxsha
Fule dhababaceeyaa helee, kii u dhimanaaya
Dhaxan baa idlaysee midkii, dhacan ku awdaaya
Dabayshaa dhurbaxays iyo, dhedada hooraysa
Mid dhismo adkeeynaya oo, seeska dhababaaya,
Rabbiyow mid calanka u dhisaan, kaa dhursugayaaye.

London, 2009

120

O Mogadishu, you are vandalised,
O Mogadishu, your heroes are gone.
Thugs and incompetents gather under the wisdom tree
and no plants are left, only useless *dhira-dhabato*.
Every day, from morning until night
we hear guns roar, the din of armoured cars,
the flash of ammunitions, lighting up the distance,
smoke pouring, loosed from double-barrelled guns,
weapons detonate, sent by colonial powers,
killing the young certainly, killing the vulnerable,
and the leaders we elected, they don't seem angry,
more unwitting fools, unaware of reality.
Events seem trivial to some, until they actually hit home.
Let me stop, before I'm carried too far away.
I shouldn't go any further, describing such horror
or I'll sound like a hyena, scavenging in graveyards.
In this life, they say you should never give up.
I beg you then, I'll pray and you say amen.
May Allah send us a man of courage, of truth,
who treats us equally, shares the milk fairly,
makes sure everyone gets some, their bowl full,
makes us understand peace, which is beyond price,
makes the scorched land recover, green over,
makes strong fences, to keep out the enemy,
who never falls for money, or material goods,
who isn't craven, but would die for what he believes in,
who provides warm clothes, helps those shivering in cold,
through howling winds, through falling drizzle,
who lays strong foundations, so we can move forward,
who keeps the flag aloft, Allah we beseech you...

London, 2009

Dookh

Haddaanad gabayga deelqaafka iyo, dari ka saaraynnin
Dalabtiyo haddaan laga midh tirin, diniqa aan muuqan
Meeshii dahsoonayd haddaan, lagu daqiiqeeynnin
Doogtiyo haddaan lagu lafgurin, dakharradii raagay
Darar lagama maaloo tixuu, dufan ma yeeshaane,
Aan dareersho caawoo kalaan, daribta saafaaye.

Inkastuu darmaan quruxsan iyo, daaddax ugu yeedho
Ama uu ammaan deexdo oo, 'dawlo!' ku yidhaahdo
Hadal dhegaha deeqaaya oo, dabacsan oo fiican
Dun xariir ah iyo shaal hadduu, dahab ku saarsaaro
Daraandaryo araggaaga hooy, damacu waa yaabe,
Oo aanu dookhaaga noqon, waa dariiq xidhane.

Hadduu daaro waaweyn dhisoo, dabaqyo kuu jeexo
Dal dhan oo muraayad ah dhammaan, adiga kuu deyro
Sancadaw dambeeysiyo hadduu, dalabka kuu keeno
Naftu waxay yara doonayso uu, deregga soo saaro,
Oo aanu dookhaaga noqon, waa dariiq xidhane.

Inkastoo adduun door ah iyo, duunyo lagu sheego
Inkastuu dulqaad badan yahoo, deeqsi lagu sheego
Duub iyo malaaq uu yahoo, dooje lagu sheego
Digriiga iyo maastariga iyo, derejo weyn haysto
Digriigyo Quraankiyo hadduu, diinta yahay xaafid,
Oo aanu dookhaaga noqon, waa dariiq xidhane.

Inkastuu dillaacshoo qalbiga, daabac ku xardhaayo
Xididdada dil-dilayee wadnuhu, dirayo dhiiggooda
Dahriga iyo laabtaba ku dhigo, Deeqa magacaaga

Taste

If this poem isn't free of flaws or clunkiness,
if it contains disharmony or defects,
if it doesn't illuminate what's hidden
and isn't used to staunch old injuries,
its verses won't nourish, are a withered breast.
Let me recite this with spirit. It's night; it's time.

Though he may call you fair names, a 'lovely mare',
and praise you up onto a pedestal, all-powerful,
and slip soothing words in your ear, sweet to hear,
spoil you with silken dresses, robe you in gold,
dazzle your eyes and make desire rear up,
if he's not to your taste, he's just a blocked path.

Though he may place you in a skyscraper
and fill your world with glass
or fashion, or your demands,
arriving at your door with every whim,
if he's not to your taste, he's just a blocked path.

Though he's said to be wealthy, with a portfolio of property,
and is known for his patience and generosity,
and like a tribal chief is spoken of with honour,
and has his Master's degree and letters after his name,
and well-versed in the holy, knows the Qur'an's words,
if he's not to your taste, he's just a blocked path.

No matter that he wears his heart on his chest
and shows you the blood's beat in his veins
and prints your name on his skin

Diiwaankii Cilmoo kale galoo, deli ka laallaado
Suugaanta duugga ah murtida, damashi kuu qaado
Daaweeynta heesaha intaa, daram garaacayo,
Oo aanu dookhaaga noqon, waa dariiq xidhane.

Haddii uu dalxiis kuugu diro, dunida guudkeeda
Diyaarado hawada sarena aad, kula damaanshaaddo
Durdur iyo hadduu kugu dul furo, ilo dareeraaya
Deeradiyo cawshiyo ugaadh, quruxda daa'uuska
Doog iyo cagaar soo ifbaxay, darinta kuu daadsho
Ama Daallo oo roobku heley, Dalawa kuu maalo
Oo doobi kuu buuxiyoo, kuna daryeelaayo
Dayrtiyo Gugaba kuu da'oo, adiga kuu deexdo
Daruur hoortay uu kuu noqdiyo, malakba doocanka,
Oo aanu dookhaaga noqon, waa dariiq xidhane.

Inkastuu darwiish adag yahiyo, geesi diriraayo
Dirica iyo wiil hoog yahoo, degello naafeeyo
Dumukha iyo qorigaba ridoo, diiradda u saaro
Halka lagu dagaalamo hadduu, doorar ka ciyaaro
Ama u daqiiqaaya oo uu, duubiyada gooyo,
Oo aanu dookhaaga noqon, waa dariiq xidhane.

Xeedhyo duuban oo duqus leh oo, geedo lagu daadshay
Hilbo duban kuwii diirranaa, qaar dux lagu shiilay
Daboolkiyo lingaxa lagu xidhood, uumi lagu daaro
Ubbadii dahaadhnayd haddii, diiqo lagu siiyo
Haddaan milix yar lagu daadinayn, kaama daadego'e,
Dookhana sidaasoo kalaan, loo dirqiyahayne
Damiirkaagu meeshaanu rabin, dooni kari maysid.

London, 2011

and writes love poems like Cilmi, from the edge,
and sings enchanted ancient lyrics full of wisdom,
pounding drums for your healing songs,
if he's not to your taste, he's just a blocked path.

Though he takes you on a tour around the world
and wants you by him on the plane,
and shows you fountains and pulsing streams
in places teeming with deer, antelope, peacock,
and lays carpets for you on lush low grass
and takes you to stunning Daallo just after rain
and gives you bowls of camel-milk, wanting your comfort,
wanting to look after you through spring and autumn,
conjuring rain clouds and Yemeni honey,
if he's not to your taste, he's just a blocked path.

Though he might be a sacred Dervish, a fighter for God,
a fearless young man who can destroy dark forces,
skilful with guns, never missing his target,
commended for bravery in battle,
who crushes his enemies and tears up their bodies,
if he's not to your taste, he's just a blocked path.

You might be treated to a bowl of spiced food,
barbecued meats and meats cooked with fat
steamed to perfection underneath a tight lid,
or a ghee pot with its beautifully crafted case,
but if there's no salt to season, you won't eat with relish.
Taste cannot be won by compulsion.
You cannot go against your own heart.

London, 2011

Glossary

abeeso   rattlesnake

Alif   the first letter of the Somali alphabet

Allah   the Arabic word for God in Abrahamic religions. In the English language, the word generally refers to God in Islam.

bilcil   a common thorn tree in Africa. It has sweet-smelling blossoms and is an important source of food for both cattle and wild animals, especially in dry areas. Its wood is used as fencing and building material as well as for fuel and making charcoal. It can form impenetrable thickets, and in some areas it is considered an invasive species as it can take over large areas of farmland.

caddallool   an old-fashioned Somali board game, not commonly played any more

Cilmi   Cilmi Boodhari (sometimes written 'Elmi Boodhari' in English) was born on the border between Ethiopia and Somaliland in 1908. He is famous for his love poetry, considered to be some of the best in the Somali language.

Daallo   also known as the Golis Range Mountains. A national park in the northern Sanaag region of Somaliland. This region was historically inhabited by the ancient ancestors of most of the original Somali tribes. Unlike other parts of Somalia, which have faced severe deforestation, Daallo is covered in a thick forest comprising over 3000 different trees, shrubs and plants. It is a popular tourist destination.

Deelley	a very famous 'chain' of poems composed by leading Somali poets in the late 1970s and early 1980s that were highly critical of the military regime of Siad Barre. Maxamed Xaashi Dhamac 'Gaarriye' was one of those poets. He received death threats from the regime as a result, as did many other poets who contributed to the chain.
darib	the fat derived from the hump of a camel – considered to be a delicacy across the Middle East and East Africa
Dervish	a (usually Sufi Muslim) ascetic who takes a vow of poverty and service. Some Dervishes practise extreme physical exertions (e.g. whirling) in order to attain religious ecstasy and closeness to God. The 'Dervish State' was the name of an early twentieth-century Somali Sunni Muslim kingdom established by Mohammed Abdullah Hassan, a religious leader who gathered Somali soldiers from across the Horn of Africa. The Dervish State acquired international renown due to its resistance against the European empires of Britain and Italy, and was recognized as an ally by the Ottoman Empire and the German Empire. Throughout World War I it was the only independent Muslim power on the continent. The Dervish State was finally overthrown by the British in 1920.
dhaanto	a style of traditional Somali music and folk dance. It was revived during the Dervish period in the early twentieth century, when it was used to raise the spirits of soldiers and was often sung on horseback.
dhafaruur	a deciduous, thorny shrub which yields an orange-red, acidic fruit
dhira-dhabato	a shrub native to rural Somalia. Its seeds are extremely poisonous.

gabay	one of the main forms of Somali poetry. It uses long lines and paragraphs, with alliteration occurring twice in every line (once in the 'rising' part and once in the 'falling' part). It requires great skill to produce. The *gabay* is a highly respected poetic form which can be used to express any of the common themes in Somali poetry – praises, dirges, insults, boasts, philosophical reflections, riddles, and satires.
Gabooye	a minority clan group in Somalia/Somaliland, also known as the Madhiban. The Gabooye are traditionally bondsmen of the majority pastoralist clan groups, and tend to work in low-paid professions such as hairdressing or shoemaking. According to the Somali Minority Rights and Aid Forum (SOMRAF), non-pastoralist groups such as the Gabooye are considered inferior, with their rights, culture and languages suppressed and with limited access to political participation or state protection from violence.
geeraar	a form of Somali poetry, slightly less lengthy and complex than the *gabay*. Many *geeraar* poems praise the horse; in the past the horse was central to the pastoral way of life in Somalia/Somaliland.
gob / gun	loosely translated as 'aristocrat / lower-caste', this dichotomy reflects the idea that clans with longer (and therefore politically dominant) lineages are stronger and more noble than those with shorter lineages. *Gob* has become a word of praise given to a person whose deeds sustain the values of Somali pastoralists, while *gun* is a term of abuse, hardly ever spoken to someone's face unless there is an intention to offend.
guurow	a form of Somali poetry equivalent to the *gabay* but more commonly recited in the southern regions.
Hadith	one of various reports describing the words, actions or habits of the Islamic prophet Muhammad. The term comes from the Arabic language and means a report, account or narrative.

hydnora abyssinica	a parasitic perennial plant which consists of only roots and flowers (no leaves or stem). Its fruit and roots are edible and are also used for medicinal purposes.
jinaw	a shrub or small tree, often with spine-tipped, ridged branches, which yields a bitter, salty fruit
khat	a flowering plant native to the Horn of Africa and the Arabian Peninsula. It is used as a stimulant, having an effect similar to but milder than amphetamines. It is a controlled substance in countries such as Canada, Germany, the United Kingdom, and the United States. Its production, sale, and consumption are legal in other nations, including Djibouti, Kenya, Uganda, Ethiopia, Somalia and Yemen. Among communities from the areas where the plant is native, *khat* chewing has a history as a social custom dating back thousands of years.
kudu	a species of antelope native to eastern and southern Africa
masafo	a form of Somali poetry, usually composed by men of religion. Some people use 'masafo' interchangeably with 'jiifto',which is one of the three key poetic forms alongside the *gabay* and the *geeraar*.
midhcaanyo	a wild bush native to eastern Africa. People living in rural areas of Somalia forage its sweet, reddish-orange berries.
Mogadishu	the capital of Somalia
the Qur'an	the central religious text of Islam
sog-sog	a shrub native to the dry bushlands of eastern Africa. It is a source of firewood, and its timber is used to make pillars and beams for houses. Its bark is chewed as a stimulant and is also used in the treatment of gonorrhoea.

Sufi	a practitioner of Sufism, which is a mystical trend in Islam characterized by particular values and ritual practices which began very early on in Islamic history. The word 'Sufi' may come from the Arabic word *ṣūf* meaning 'woollen clothes', referring to the rough garb of the early Islamic mystics. The thirteenth-century Persian poet Rumi was a famous Sufi. Today about 5% of Muslims around the world identify as Sufis.
the Sunnah	the verbally transmitted record of the teachings, deeds and sayings, silent permissions (or disapprovals) of the Islamic prophet Muhammad, as well as various reports about Muhammad's companions. The Qur'an and the Sunnah make up the two primary sources of Islamic theology and law.
xabag	*xabag cadaad* is the Somali name for the three-thorned acacia, or the gum arabic. It is a low, wide-branched tree native to eastern Africa. Its bark is thorny, with its thorns appearing in groups of three, and it has yellow-white blossoms. Its gum is harvested for adhesives, and its fruit and seeds are edible. Its roots can be used to make twine or rope.
'zako' money	*zakat* or *sekada* is a form of alms-giving treated in Islam as a religious obligation. *Zakat* is based on income and the value of all of one's possessions. The collected amount is paid first to *zakat* collectors, and then to poor Muslims, to new converts to Islam, to Islamic clergy, and others. The payment and disputes on *zakat* have played a major role in the history of Islam.